ちくま新書

入門　経済学の歴史

根井雅弘
Nei Masahiro

837

入門 経済学の歴史【目次】

はしがき

気がついてみれば、私は、すでに二十年もの長いあいだ、京都大学で経済学史や現代経済思想を教えてきたことになりますが、本書を手にとった読者のなかには、ミクロ経済学やマクロ経済学に代表される現時点でのスタンダード・エコノミックスが「初級」「中級」「上級」の教科書になって教えられているというのに、なぜ数十年はおろか数百年も前の経済学の古典を学ぶ必要があるのかという疑問を抱く方々も少なくないかもしれません。一部の理論経済学者は、過去の理論は現在ではすでに乗り越えられていると考えて、経済学史の効用を全く否定してさえいますが、本当にそうなのでしょうか。

私は、『経済学のことば』（講談社現代新書、二〇〇四年）の「あとがき」のなかで、経済学史を「宝の山」にたとえたことがありますが、そう書いたのは、経済学の「モデル」が日々進化しているように見えても、その理論の背後にある「思想」は決して新しいものではなく、それこそ数百年も前の経済学史上の登場人物たちの言説の「焼き直し」や、ときには「歪曲」に他ならない場合が少なくないからでした。その意味では、経済思想はそう簡単に死ぬものではないといってもよいでしょう。

例えば、ベルリンの壁の崩壊のあと、「資本主義」が「社会主義」に完全勝利したという単純な図式から、「資本主義」を動かしてきた「市場メカニズム」こそが経済問題をほとんど解決してくれるのだという、いささか粗雑な「市場原理主義」が論壇を席巻したことがありましたが、彼らはよくみずからの主張の正当性に箔《はく》をつけるために、アダム・スミスの『国富論』(一七七六年)のなかに出てくる「見えざる手」という言葉を引用したものでした。

スミスを「市場原理主義」の「元祖」のように理解することは、『国富論』の前に書かれた『道徳感情論』(一七五九年)のなかで、スミスが競争における「フェア・プレイ」の重要性(「公平な観察者」が見て是認するような行動をとらなければ、市民社会において「同感」が得られないこと)を指摘した事実を知っていれば、単純な誤りであることは明白なのですが、社会主義の象徴であったベルリンの壁が崩壊してからは、「市場原理主義者」たちがそのように誤解されたスミス像を全世界に「伝道」していった感があります。しかし、経済学史の素養があれば、「市場原理主義者」たちのスミス理解がきわめて偏っていたことが見抜けたに違いありません。

もっとも、論壇を離れて、学界に目を転じるならば、さすがに「市場原理主義者」と呼べるような経済学者はごく少数であることがわかりますが、それでも、現代アメリカの高名な保守派経済学者がマスコミに登場したときに公にする内容（例えば、「経在的要因」以外のものはすべて脇に置いて、インドが急成長しているのは「自由市場」の卓越性をようやく理解したからだとか、オバマ民主党政権のＧＭ救済策は「社会主義化」への危険な道を開くのだとか）を聴いていると、本人が明確に意識しているかどうかはわからないものの、誤解されたスミス像の影がさしているように思えてなりません。

もう一つ例を挙げるならば、リーマン・ショック以後の金融危機が引き金となった「世界同時不況」下の昨今、一部の経済学者やエコノミストが「ケインズの復活」を声高に主張しているのですが、彼らが指しているケインズ経済学は、往々にして、赤字財政による大規模な公共投資を正当化する理論に他なりません。しかし、ケインズ経済学を正確に理解すれば、それが「生産の貨幣理論」という特徴をもっており、不況になれば財政出動を要請するような粗雑な政策論とは明確に区別されることを知るでしょう。

要するに、現代の経済理論や経済議論のなかには、経済学の古典のなかの誤解を招きやすい部分がデフォルメした形で紛れ込んでいることが少なくないのです。それゆえ、経済学史の正確な知識をもつことは、偉大な経済学者たちの遺産を粗雑な形で利用されるのを防ぐだろうし、また改めて経済学の古典を繙《ひもと》くことは、現代経済学のなかに十分に活かされていないアイデアの発見につながるかもしれないという期待をもってもよいのではないでしょうか。学問をあまり功利主義的に考えたくはありませんが、私は、それこそが経済学史の「効用」であると考えています。

プロローグ──経済学史の全体像をおさえる

本書は、テーマ別に経済学の歴史を語るというコンセプトで書かれていますが、第一章以下で具体的なテーマに即して学んでいく前に、まず、経済学の大きな流れをつかんでおく必要があると思います。

†ケネーからアダム・スミスへ

単行本の『経済学の歴史』（筑摩書房、一九九八年、現在は「講談社学術文庫」に収録）で述べたように、私は、独自の学問としての経済学は、フランソワ・ケネー（一六九四―一七七四）の「重農主義」（フィジオクラシー）に始まると考えています。ケネーの『経済表』（一七五八年）こそが、「経済循環」の客観的な法則を発見した点において、それ以前の経済思想とは明確に区別されるからです。

たしかに、何らかの意味で「経済」について断片的な思索を遺した人たちを辿《たど》っていけば、それこそ古代ギリシャやローマの哲学者たちにまで到達するかもしれませんが、しかし、近代社会の「資本主義」と呼ばれる経済システムがどのような法則で動いているのかを、一つの「表」のなかに表現したケネーの天才に勝る者は一人もいないというのが、私の考えです。

もちろん、ケネーの「重農主義」は、農業のみが生産的である（「純生産物」を生み出す）と考えている点で、明らかに限界をもっているので、アダム・スミス（一七二三─九〇）を「経済学の父」と考える経済思想史家が多いのは事実です。私もイギリスにおける「古典派経済学」の黎明《れいめい》をスミスの『国富論』（一七七六年）に求めることには異論はないものの、「経済循環」の発見によって経済システムを貫く客観的な法則を明確に認識したケネーの偉業はやはり屹立《きつりつ》しています。しかし、ケネー以後、経済学の本流が、『国富論』の出版を境に、フランスからイギリスへと移ったことは事実です。

スミスは、「富」とは、「重商主義」の思想家たちが考えたような「貴金属」ではなく、国民の労働によって生産される「必需品と便益品」（＝消費財）のことだと『国富論』の冒頭において宣言し、国民を豊かにする（一人当たりの消費財を増やす）には、「分業」による労働生産力の増大と、労働人口に占める「生産的労働」（農産物の他に工業製品を生産する労働も「生産的」と見なした点ではケネーよりも一歩前進していますが、サービスを生産する労働は依然として「不生産的」であると判断されました）の割合を増加させる必要があると主張しましたが、『国富論』は、全体として、教養のある人なら誰でも読めるように書かれており、経済学の理論と実践にきわめて大きな影響を与えました。

例えば、理論においては労働価値論が、実践においては独占や規制を撤廃した「自然的自由の制度」の「理想」（「見えざる手」という表現が「自由放任主義」のようにしばしば誤解されたのは残念ですが）が、スミスからデイヴィッド・リカード（一七七二―一八二三）を経てジョン・スチュアート・ミル（一八〇六―七三）へと受け継がれたイギリスの「古典派経済学」の人々に与えた影響は計り知れないものがあります。

†古典派経済学

リカードは、最も理論的な頭脳をもっていた古典派経済学者といってもよいと思いますが、その才能は、彼の『経済学および課税の原理』（一八一七年）において遺憾なく発揮されています。リカードは、全生産物が「地代」「利潤」「賃金」の名で三つの階級（「地主」「資本家」「労働者」）に分配されるのを規定する法則を解明することを主要課題に設定しましたが、彼は、四つの構成要素（「投下労働価値説」「差額地代説」「賃金の生存費説」「収穫逓《てい》減《げん》の法則」）を総合して出来上がった理論体系によって見事にそれに応えました。

リカードは、『人口論』（一七九八年）の著者であるトーマス・ロバート・マルサス（一七六六―一八三四）との往復書簡をみると、経済学上の多くの問題でマルサスとは見解を異にしましたが、お互いの才能を高く評価しており、終生、親密な友好関係を保持したことで知られています。

リカードのあとは、最後の古典派経済学者ともいわれるJ・S・ミルがその権威を受け継ぎましたが、ミルは、リカードとは違って、私有財産制度を自明の前提とせず、ドイツのロマン主義やフランスのサン＝シモン派の思想などの影響を受けて、歴史相対主義への傾向を見せました。それゆえ、ミルの『経済学原理』（一八四八年）も、単なる抽象論で満足せず、みずから言明しているように、広く社会哲学への適用を目論んだ著書に出来上がっています。

ミルの『経済学原理』は、「生産・分配峻《しゅん》別《べつ》論」（自然法則としての生産の法則と、人間の意思によって決定される分配の法則を明確に区別すること）や、「定常状態」（「コラム3」を参照）を回避すべきというよりも積極的に評価する姿勢などの特徴をもっていますが、これらは、たしかに、リカードまでの「古典派経済学」にはなかった考え方でした。

†マルクス経済学

しかし、ミルの『経済学原理』が出版された一八四八年は、奇《く》しくも、カール・マルクス（一八一八―八三）とフリードリッヒ・エンゲルス（一八二〇―九五）が『共産党宣言』を発表した時期と重なっています。「万国のプロレタリア、団結せよ！」と。マルクスは、その後、「疎外された労働」や「史的唯物論」などの重要概念を練り上げていき、一八六七年、ようやく『資本論』（第一巻）の出版に漕ぎ着けました（第二巻と第三巻は、マルクスの死後、エンゲルスが遺稿を整理し、それぞれ、一八八五年と一八九四年に出版されました）。「剰余価値」「価値形態」「資本の有機的構成」などの概念は、「資本主義」vs「社会主義」の時代には、経済学を学ぶ人たちの「常識」に近いものでしたが、ベルリンの壁の崩壊後は、マルクス経済学のＡＢＣでさえ経済学部の学生たちにも理解されていないのが現実です。しかし、「生産諸力と生産関係の矛盾」に注目し、資本主義が崩壊するまでを描いた『資本論』（第一巻）は、マルクス主義者でなくとも、一度は読んでみる価値があると思います。

ともあれ、マルクス経済学の登場によって、マルクス主義者たちは、ミル以降の経済学の本流とは違う道を歩んでいくのでした。

†「限界革命」と新古典派経済学

さて、最後の古典派経済学者であるミルが活躍したあと、しばらくして、経済学には「限界革命」と呼ばれる革新が生じました。オーストリアのカール・メンガー（一八四〇―一九二一）、フランスのレオン・ワルラス（一八三四―一九一〇）、イギリスのウィリアム・スタンリー・ジェヴォンズ（一八三五―八二）の三人が、ほぼ同時期に、「限界効用」（消費量を一単位増やしたときの効用の増分のこと）の概念をつかみ、のちの「限界概念」による経済理論の展開に大きな影響を与えたのです。

「総効用」と区別された「限界効用」の発見は、かつてアダム・スミスが「価値のパラドックス」と呼んだ難問の解決につながりました。――すなわち、水は「総効用」は高いけれども、稀少《きしよう》でないために「限界効用」が低く、そのためにほとんど交換価値をもたない。反対に、ダイヤモンドは、稀少であるために「限界効用」が高く、交換価値もきわめて高くなると。

ただし、最近の研究は、三人の貢献を単に「限界効用」の発見という共通項で括るよりは、例えば、メンガーの場合は「主観主義」、ワルラスの場合は「一般均衡理論」というように、それぞれ独自の経済理論を切り開いた仕事のほうを重視するようになっています。また、ジェヴォンズは、早死にしたので、後継者を残さなかったのですが、のちに、アルフレッド・マーシャル（一八四二―一九二四）というきわめて有能な経済学者が登場し、イギリスの経済学界に君臨するようになりました。

マーシャルは、「古典派経済学」に対して激しい敵意をもっていたジェヴォンズとは違って、「古典派経済学」と「限界革命」の双方の思考法に通じていましたが、最終的に、「時間」の要素を明示的に導入することによって両者を「需要と供給の均衡」という枠組みのなかに包摂することに成功しました。――すなわち、価値論においては、想定される時間が短ければ短いほど「需要」の要因を、逆に、時間が長ければ長いほど「供給」の要因を重視すべきであると。

マーシャルの価値論は、すべての市場における「需要と供給の均衡」を考えるワルラスの「一般均衡理論」と区別するために、「部分均衡理論」（特定の財の市場において、「他の事情が変わらなければ」という条件のもとでの「需要と供給の均衡」を考える思考法）と呼ばれることがありますが、「限界革命」以降にイギリス経済学界の混乱を収拾し、ミルの次にイギリス経済学の正統派の地位を襲ったのはマーシャルだったことを忘れてはならないと思います。マーシャル経済学は、「古典派」の本流を受け継ぐという意味で「新古典派」と呼ばれましたが、現在、「新古典派」という言葉は、ワルラスの一般均衡理論の流れをくむ人たちを指す場合が多いので、注意が必要です。

†ケインズ革命

マーシャルは、ケンブリッジ大学で教鞭《きょうべん》を執っているあいだ、アーサー・セシル・ピグー（一八七七―一九五九）、ジョン・メイナード・ケインズ（一八八三―一九四六）、デニス・H・ロバートソン（一八九〇―一九六三）などのきわめて優秀な弟子たちを育成しましたが、私たちは、その研究集団を大学の名に因《ちな》んで「ケンブリッジ学派」と呼んでいます。

ところが、「ケンブリッジ学派」というイギリス経済学のまさに本流のなかから、その権威に対して叛旗《はんき》を翻した者が登場しました。『雇用・利子および貨幣の一般理論』（一九三六年）のなかで「有効需要の原理」（社会全体の「有効需要」の大きさが産出量や雇用量を決定するという理論）を提示し、産出量や雇用量の決定理論が欠落したマーシャルやピグーを痛烈に批判した有名なケインズです。

ケインズが経済学にもたらした革新は、「ケインズ革命」と呼ばれるほど大きな影響を内外に与えましたが、ケインズが「ケンブリッジ学派」のなかの「異端児」であったことは間違いないものの、彼もまたその学派の「申し子」であり、「ケンブリッジ学派」の遺産の多くを引き継いでいることが見落とされがちです。もちろん、「ケインズ革命」の過小評価は慎まなければなりませんが、ケインズは、もともと「ケンブリッジ学派」のなかにあったもの（例えば、マーシャルやピグーの「自由放任主義」への懐疑、「果実を求める学問」としての経済学観など）の多くを共有しているのです。

†新古典派総合から現代経済学へ

ケインズの死後、イギリスからアメリカへの覇権国の交替とともに、イギリス経済学も本流たる地位を失い、アメリカの経済学が主流派の地位を占めるようになりましたが、その地では、若い頃から天才の評判の高かったポール・A・サムエルソン（一九一五―二〇〇九）が説いた「新古典派総合」がまもなく主流派となりました。

「新古典派総合」は、ワルラスの流れをくむ「新古典派経済学」に「ケインズ経済学」を接ぎ木した経済学（「ケインズ経済学」の教えである総需要管理によって完全雇用の実現に努力するが、いったん完全雇用に至れば、市場メカニズムを基本的に信頼した「新古典派経済学」が復活するという考え方）だったので、当初から、理論的整合性については疑問が投げかけられていました。しかし、少なくとも一九七〇年代の前半までは、主流派経済学だったといってよいのではないかと思います。

ベトナム戦争以後のインフレの昂進《こうしん》、ミルトン・フリードマン（一九一二―二〇〇六）の「マネタリズム」（貨幣数量説の現代版で、インフレ抑制のために貨幣供給量を一定率で増やしていく政策をルール化することを提言しました）の台頭などによって「新古典派総合」が権威を失ってからは、経済学者たちは、「新古典派総合」を構成したどちらか一方のほうをとる方向に向かいました。

多数を占めたのは、「新古典派経済学」をとった人たちですが、そのリーダーだったロバート・E・ルーカス（一九三七―）は、「マクロ経済学のミクロ的基礎」を掲げ、マクロ経済学をミクロの経済主体の最適化行動から構成する方法論を確立しました。ルーカスのいわば「ケインズ反革命」によって、以前のアメリカのケインジアンたち（大半は、「新古典派総合」の立場に近かったと思います）は、「オールド・ケインジアン」と呼ばれるようになり、学界の中枢からは放逐されることになりました。

「新古典派総合」の構成要素から「ケインズ経済学」をとった少数派は、「ポスト・ケインジアン」と呼ばれる方向に向かいましたが、イギリスの「ポスト・ケインジアン」（ケインズの弟子筋に当たるジョーン・ロビンソンやニコラス・カルドアなど）とも連携しながら一定の活躍はしたものの、少数派であることには変わりがなく、残念ながら、学界に大きな影響を与えることはありませんでした。

もっとも、一部は、N・グレゴリー・マンキュー（一九五八―）のように、「ニュー・ケインジアン」を名乗り、ケインズ経済学の新たなミクロ的基礎の仕事に傾注した人たちもおりますが、彼らの方法論は、基本的にルーカスのそれを踏襲しており、ただ「価格や賃金の硬直性」などのように市場メカニズムを阻害する要因がある場合、ケインジアン的な状況が一時的に生まれることを論証したに過ぎません。

†経済学の異端児たち

経済学の歴史には、ときどき、「風変わり」な人物が登場します。そのほとんどは本流から外れているのですが、ソースタイン・ヴェブレン（一八五七―一九二九）というアメリカが生んだ異端児は、有名な『有閑階級の理論』（一八九九年）のなかで「顕示的消費」（世間の注目を浴びるような派手な消費行動によって、他者との差別化を図ること）という有閑階級の行動に注目し、主流派の最適化行動（この場合は、「予算制約内の効用最大化」）では捉《とら》えられない有閑階級の実態を暴露しました。

ヴェブレンのあとには、「制度学派」と呼ばれる人々（ウェズリー・C・ミッチェル、ジョン・R・コモンズなど）が続きましたが、彼らは、必ずしもヴェブレンの「辛辣《しんらつ》な批評家」の面を受け継がなかったものの、それぞれ独自の「制度」概念をもって興味深い活動を展開しました。現代のジョン・ケネス・ガルブレイス（一九〇八―二〇〇六）やグンナー・ミュルダール（一八九八―一九八七）なども「制度学派」の流れをくんでいます。

＊

このプロローグでごく簡単に紹介した経済思想は、第一章以降にテーマ別で登場しますが、これだけの大まかな経済学の流れが頭に入っていれば、特定の登場人物がいつの時代に活躍したのかについて迷うことはないと思います。

第一章　経済循環の発見

経済学の歴史を新書判で語るというのは、決してやさしい仕事ではありません。「歴史」をどこから語り始めるのかという問題もありますが、どのようなアプローチを採用するかで読者のイメージが変わってしまうのではないかという懸念があるからです。

私が初めて経済学の通史（『経済学の歴史』筑摩書房、一九九八年）を書いたときは、オーソドックスといってもよい、年代順に経済学史上の重要人物を配列するアプローチを採用しました。その本は、現在、「講談社学術文庫」に収録されているので、あるいは、お読みになった方々もいるかもしれません。

その本を上梓《じょうし》したとき、朝日新聞の知り合いの記者が、「経済思想史家にとって『経済学の歴史』を書くのは、カラヤンの一回目のベートーヴェン交響曲全集のようなものですか？」と気の利いたメールを寄こしましたが、二十世紀の大指揮者ヘルベルト・フォン・カラヤンの名前を出すほど大袈裟《おおげさ》ではないものの、私個人にとっては、たしかに、その時点で持てる力を出し切った通史であったことは間違いありません。

しかし、経済学にこれまで全く馴染《なじ》みのなかった方々にとって、いきなりあの本を通読するのは容易なことではないでしょう。なんとかあの本のエッセンスを新書判にまとめることはできないだろうかと思っていたところ、あるとき、アプローチを変えればできるかもしれないというアイデアが浮かびました。もちろん、プロローグに書いたような経済学の大きな流れを最初につかんでおくことは肝要ですが、経済学史上には重要なトピックスが幾つかあるので、それらを再構成して書いてみるアプローチが可能ではないかと。新書判なので、一つのトピックを詳細に語ることはできませんが、その代わりに、経済学史上の重要人物がそのトピックをどのように考察したのか、その思考法の違いがストレートにつながるのではないかと思ったのです。

†ケネー『経済表』の偉業

この章で取り上げたいのは、「経済循環の発見」というトピックです。これは、経済学の創成期に活躍したフランソワ・ケネー（一六九四―一七七四）から、資本主義の崩壊を説いたカール・マルクス（一八一八―八三）を経て、英雄的な企業者精神を謳《うた》いあげたヨゼフ・アロイス・シュンペーター（一八八三―一九五〇）に至るまでをカバーするきわめて重要なトピックです。

ケネー以前にも、何らかの経済問題について考察した思想家たちは少なくありませんが、ケネーの『経済表』（一七五八年）のように、国民経済の総体を「統一的生活過程」（シュンペーター）として有機的に把握した作品はありませんでした。「経済循環の発見」という表現は、経済思想史家としても一流の仕事を成し遂げたシュンペーターがよく使った言葉でしたが、あらゆる経済期間において、経済数量が同じ規模で再生産される過程を客観的な法則として認識し、それを一つの表によって描写したのはケネーの偉業であったといってても過言ではないと思います。

『経済表』は、ケネーが外科医としてヴェルサイユ宮殿の「中二階の部屋」で暮らしていたときに、宮殿の地下にある印刷所で印刷されたといわれていますが、その「原表」は表1（幾つかの版がありますが、これは、一七五九年に印刷された第三版）のようなジグザグ表にほんの少しの文章が添えられているだけのものだったので、その表の意味を正確に理解できた者はほとんどいなかったと思われます。「スフィンクスの謎」（エンゲルス）と呼んだ思想家もいるくらいです。

ケネーは、一つの理想的な「農業王国」を頭のなかに思い描き、そこでは、穀物取引の自由競争が支配し、穀物の「良価」（生産費に一定の利潤を加えた価格のこと）が実現されていると想定しました。というのは、ケネー以前のフランスの重商主義政策（フランスの財務総監の名前をとって「コルベール主義」とも呼ばれます）が、「富＝貴金属」という考え方

考察すべき対象 (1) 三種類の支出 (2) それら諸支出の源泉 (3) それら諸支出の前払 (4) それら諸支出の配分 (5) それら諸支出の帰結 (6) それら諸支出の再生産 (7) それら諸支出相互間の関係 (8) それら諸支出と人口との関係 (9) それら諸支出と農業との関係 (10) それら諸支出と工業との関係 (11) それら諸支出と商業との関係 (12) それら諸支出と国民の富の総額との関係

生産的支出	収入の支出	不生産的支出
農業などに関するもの	租税は徴収ずみ生産的支出と不生産的支出とに分割される	工業などに関するもの
年前払	年収入	年前払
600*l.*の収入を生産するための年前払は600*l.*		不生産的支出のうち加工品のための年前払は300*l.*

600*l.*は次のものを純生産する……………………600*l.*

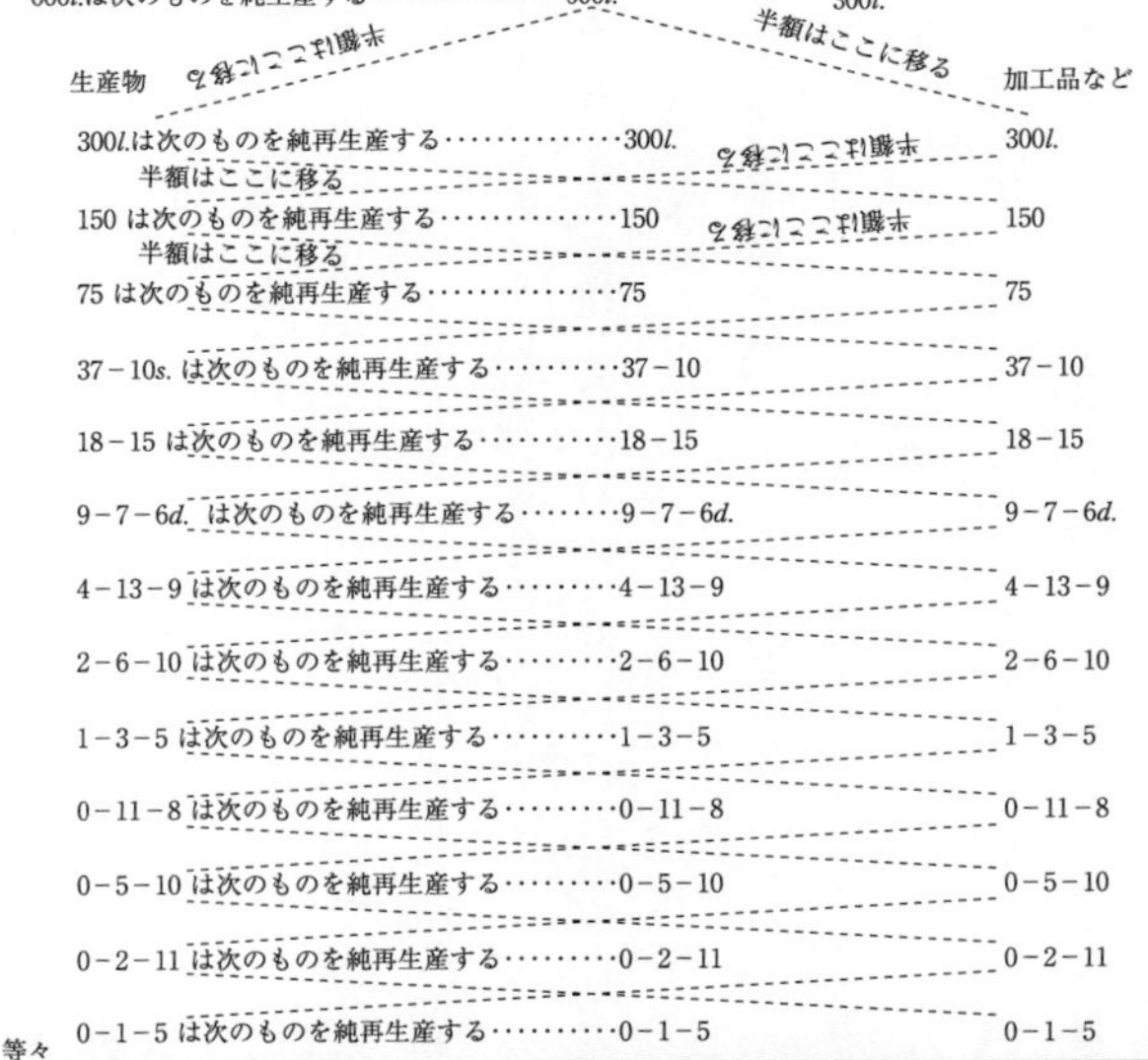

再生産額合計……600*l.*の収入、プラス、土地が修復する600*l.*の年経費および300*l.*のラブルールの原前払の利子。したがって、再生産額は、計算の基礎である600*l.*の収入を含めて1500*l.*である。ただし、徴収ずみの租税、およびこの租税の年再生産が必要としている前払などは含まれない。

表1　経済表［原表第3版］

出典：『ケネー経済表』平田清明・井上泰夫訳（岩波書店、1990年）22ページ。

から、外国貿易で輸入を抑制し、輸出を増やす（その貿易差額が貴金属の形で国に流れ込んでくれば富裕に至るというのです）ためには、製造品の価格を低めに抑えること、そして、その手段として低賃金とそれを可能にする穀物の低価格政策を採用していたからです。

コルベール主義は、国内の産業を保護育成し、国際競争力をつけていけば、輸出は増えていくだろうし、反対に、輸入に対しては高関税やその他の手段でそれを抑えるならば、貿易差額を獲得することができるはずであると目論んでいました。しかし、コルベール主義は、多額な貿易差額をもたらしやすい奢侈《しゃし》品産業（高級織物、ガラス、陶器など）を偏重し、国民生活の基礎である農業を軽視したために、終《しま》いには農業の再生産に支障をきたし、農村の疲弊をもたらしてしまいました。

ケネーが登場してきた社会的背景とは、このようなものでした。そこで、ケネーは、コルベール主義とは対照的に、「純生産物」（生産物の売上価値から必要経費を控除した余剰のこと）を生み出すのは農業のみであり、製造業や商業は、農業部門で生み出された農産物を加工したり、加工した品を輸送・販売したりするに過ぎないという「重農主義」（もともと「自然の支配」を意味する「フィジオクラシー」の訳語ですが、そこには当時の「自然法」思想の影響が見受けられます。「自然法」とは何かという問題は難解なので深入りできませんが、ケネーにとっては、物神両面にわたって国家統治の最高原則となるものでした）の思想を打ち出すことになったのです。

†「重農主義」の思想

重農主義の思想によれば、農業に従事する階級は「生産階級」、製造業・商業・サービス業に従事する階級は「不生産階級」に分類されますが、それに加えて、主権者を含む「地主階級」が存在します。表1では、中央に地主階級、左に生産階級、右に不生産階級が配されていますが、留意すべきは、地主階級がその収入を生産階級と不生産階級に対してそれぞれ半分を支出すると仮定されていることです（地主階級の生産階級への支出性向λが二分の一だといっても同じです）。

かつて菱山泉（一九二三―二〇〇七）が数学モデルを使って解き明かしたように、λが二分の一の場合は、年々歳々、同じ規模の再生産が繰り返されるような世界が実現されます。(1) このような世界は、マルクスが「単純再生産」、シュンペーターが「静態」と呼んだものですが、「農業王国」では、このような国民経済の再生産の客観的な法則が貫通しているのです。繰り返しになりますが、ケネー以前に、このような客観的な法則を見抜き、一つの表のなかに描写した者は誰もいませんでした。シュンペーターは、このような意味での「経済循環の発見」をケネーの最大の業績としてきわめて高く評価しました。彼は次のように言っています。(2)

「フィジオクラット（重農主義者）になって始めてこの国民経済の体軀《たいく》が、生理的および解剖学的に、統一的生活過程ならびに生活条件を持っている一個の有機体として把握され、われわれにその生活過程の最初の分析が残されるようになった。彼ら以前にはこれについて単なる常識観があったに過ぎず、彼らになって始めて社会的な財貨の流動の内面的なるものとその不断の自己更新過程とに対する洞察が成し遂げられたのである。」

†『経済表』の経済政策

『経済表』は、ケネーにとって理想的な「農業王国」のモデルでしたが、その理想から、政府が実行に移すべき経済政策が自然に導き出されます。その政策は、大きく分ければ、二つあります。

一つは、支出と課税の両面にかかわる財政政策です。ケネーは、財政支出については、何でも節約すればよいのではなく、その「生産的使用」を心がけるべきだと主張しました。「農業王国」を実現するために必要な財政支出は決して無駄ではなく、支出と濫費を混同してはならないと戒めています。

しかし、ケネーの名前を有名にしたのは、支出よりは課税にかかわる政策提言のほうでしょう。すなわち、「純生産物」を生み出すのは農業のみなので、「純生産物」のみが課税の対象になるというのです。「純生産物」は最終的には地主階級の収入になりますが、ということは、地主階級のみが納税者になるということです（いわゆる「土地単一税」の提唱）。当時の地主階級のほとんどは免税特権をもっていたので、「土地単一税」は、その意味では、きわめてラディカルな変革を指向していたといってもよいでしょう。そこには、コルベール主義によって疲弊の極みに突き落とされた農業の再建なしにはフランスを「農業王国」への道に引き戻すことはできないというケネーの「危機意識」が読みとれるのではないでしょうか。

もう一つは、穀物の取引を国内ばかりでなく、外国貿易を含めて自由にするという政策です（いわゆる「自由競争」と「自由貿易」の提唱）。ここにも、コルベール主義の時代、低賃金を可能にするために強要された穀物の低価格政策を撤廃し、国内外で穀物の自由な取引を許可し、その価格を「良価」にまで引き上げなければならないというケネーの「危機意識」を垣間見ることができます。

ただし、「自由競争」と「自由貿易」を基本的に支持したからといって、ケネーが「自由放任」を説いていたと誤解してはなりません。通俗的な「自由放任」の理解では、政府はほとんど何もせずともよいという記述になりがちですが、これまで述べてきたように、「農業王国」の実現のためには、政府が「フィジオクラシー」(重農主義=自然の支配)に基づいた国家統治を積極的に推進しなければならないからです。

ケネーが活躍したのは、フランス革命前の「アンシャン・レジーム」末期に当たりますが、ケネーの他の著作(とくに、「中国の専制政治」一七六七年)も考慮すると、彼は、主権者としての国王が、どうやら「開明的専制君主」の役割を演じることを期待していたようなのです。それゆえ、「土地単一税」の提唱にみられたケネーのラディカリズムを、例えば「アンシャン・レジーム」打倒を企てたものとして過大評価することは慎むべきでしょう。ケネーがヴェルサイユ宮殿の「中二階の部屋」に暮らしていたことを忘れてはなりません。

†アダム・スミスとケネー

しかし、そのような限界があったにもかかわらず、シュンペーターが何度も強調したように、「経済循環の発見」という功績、あるいは、国民経済の再生産の客観的な経済法則を一つの表のなかに描いてみせた慧眼《けいがん》をどれほど高く評価してもし過ぎることはないでしょう。ケネーの『経済表』によって「経済科学の創造」（平田清明）がなされたと主張されるゆえんです。(3)

もっとも、「経済学の父」はアダム・スミス（一七二三―九〇）であると思っている読者は、そのような評価には納得がいかないかもしれません。もちろん、スミスもまた経済学の創成期を飾る輝かしい星の一つであり、スミスを一番先に挙げる人たちが大勢いるのは容易に想像できます。私は、そのような意味での「先陣争い」は非生産的な議論であり、あまり長々と駄文を費やしたくはないのですが、当のスミスがフランスに渡ったときにケネーに会ったことがあり、ケネーが存命であったならば、有名な『国富論』（一七七六年）を彼に献呈するつもりであったことを指摘するにとどめたいと思います。

実際、スミスも、たとえ農業のみが「純生産物」を生み出すという重農主義の思想がやや偏狭だとしても、ケネーが「富＝貴金属」と考える重商主義の誤謬《ごびゅう》を抉《えぐ》り出し、彼以前の誰よりも「経済学の真理」（簡単にいえば、富とは労働によって年々生産される消費財であり、その再生産を円滑にするには自由競争や自由貿易が必要だと主張したこと）に近づいた功績を高く評価しているのです。(4) それゆえ、私には、先に指摘した「先陣争い」よりは、二人の天才がお互いをよく理解し合っていたことのほうがよほど注目すべき事実であるように思えます。

†『資本論』の再生産表式

ケネーによる「経済循環の発見」は、マルクスの『資本論』（第一巻は一八六七年、第二巻と第三巻は、彼の死後、エンゲルスの編集によって、それぞれ一八八五年、一八九四年に出版されました）における「再生産表式」（第二巻）へとつながっていきます。『資本論』（第一巻）のメインテーマである「資本主義崩壊の論理」については、のちに取り上げるつもりなので、ここでは、マルクスがケネーによる「経済循環の発見」というアイデアをどのように発展させていったかに焦点を合わせることにしましょう。

マルクスは、経済の年々の再生産が同じ規模で繰り返されることを「単純再生産」と呼びましたが、彼は、その経済が「生産財」と「消費財」を生産する二つの部門から構成されるものとして捉え、独自の「再生産表式」を考案しました。ここでは、生産財を生産する部門を第I部門、消費財を生産する部門を第II部門と呼びましょう。

マルクスは、商品の価値Wは、「不変資本」C（「生産手段」、または「原料や補助材料や労働手段に転換される資本部分」のことで、「不変」とあるのは、「生産過程でその価値量を変えない」からです）＋「可変資本」V（「労働力に転換された資本部分」のことで、「可変」とあるのは、「生産過程でその価値量を変える」からです）＋「剰余価値」M（資本家が労働者からの「搾取」によって手に入れたもの）に等しいと考えましたが、生産財部門と消費財部門を区別するために、以下のように下付の添字をつけることにしましょう。

$$\text{I} \quad W_1 = C_1 + V_1 + M_1$$

$$\text{II} \quad W_2 = C_2 + V_2 + M_2$$

さて、「単純再生産」が持続されるためには、第I部門である生産財の価値が、両部門の生産手段の合計に等しい（言い換えれば、生産手段の置換を超える「純投資」は存在しない）という条件が満たされなければなりません。

$$C_1+V_1+M_1=C_1+C_2 \qquad (1)$$

あるいは、見方を変えれば、第II部門である消費財の価値が、両部門の可変資本と剰余価値の合計（イメージがつかみにくいならば、この段階では、賃金と利潤の合計と考えても許されるでしょう）に等しくならなければならないということもできます。

$$C_2+V_2+M_2=V_1+V_2+M_1+M_2 \qquad (2)$$

(1)式と(2)式を整理すると、どちらも

$$V_1+M_1=C_2 \qquad (3)$$

となりますが、これが「単純再生産」の条件です。すなわち、第I部門の可変資本と剰余

価値の合計が第II部門の不変資本に等しくならなければならないのです。これが、ケネーの『経済表』の世界を、マルクス独自の「再生産表式」によって描き直したものです。

もし(3)式が等式ではない場合は、「単純再生産」は成り立ちませんが、具体的にどのような場合なのかを、「拡大再生産」を例にとって説明しましょう。「拡大再生産」が実現するには、第I部門で生産された生産財の価値が、C_1+C_2にすべて吸収されるのではなく、資本設備を増加させ、生産を拡大する（「純投資」がプラスになる）ために用いられる部分が残されなければなりません。

$$C_1+V_1+M_1>C_1+C_2 \qquad (4)$$

あるいは、見方を変えれば、第II部門の消費財の価値は、両部門の可変資本と剰余価値の合計（前と同じく、賃金と利潤の合計と考えても、この段階ではよいでしょう）よりも小でなければなりません。というのは、可変資本と剰余価値のすべてが消費財に費やされてしまったら、資本設備の増加のために使う部分（もちろん、資本設備の増加に使われるのは、資本家が労働者を「搾取」することによって獲得した剰余価値の一部ですが）がなくなるからです。

$$C_2 + V_2 + M_2 < V_1 + V_2 + M_1 + M_2 \qquad (5)$$

(4)式と(5)式を整理すると、どちらも

$$C_2 < V_1 + M_1 \qquad (6)$$

となりますが、これが「拡大再生産」の条件です。すなわち、第II部門の不変資本は、第I部門の可変資本と剰余価値の合計よりも小でなければならないのです。

†マルクスの剰余価値論

経済学史の講義でマルクス経済学を教えるとき、初心者には退屈な「唯物史観」や「疎外された労働」などよりは、第二巻の「再生産表式」から教えてみるのも一つの方法ではないでしょうか。そこから、第一巻に立ち戻ると、労働生産力の発展を図るには、剰余価

値を資本に再転化するという意味での「資本の蓄積」がおこなわれなければならないという件《くだり》にぶつかりますが、これが「再生産表式」でいう「拡大再生産」であることはすぐにわかります。

生産手段が私有されている「資本主義」の下では、資本家は「労働力」という商品を購入しますが、資本家の目的は、資本としての貨幣を増殖させることにあります。マルクスは、これを$G—W—G'$として簡潔に表現しました（ここで、Gは貨幣、Wは商品、$G'=G+\Delta G$はより多くの貨幣を意味しています。英語の文献では、$M—C—M'$と表現されることが多いでしょう）。

留意すべきは、商品としての労働力が、他の商品と同じように価値法則に従って交換される（すなわち、その価値は、労働力を再生産するのに必要な労働時間によって決定される）ということです。しかし、労働力をその価値どおりに手に入れた資本家は、その労働を自由に処分することができるので、ここに「剰余価値」が生み出される鍵が隠されることになります。

具体的な例を挙げると、いま、一日の労働時間が一二時間だとして、そのうち労働力の価値の再生産のために必要な労働時間（「必要労働時間」）は六時間だとしましょう。とすると、必要労働時間を超える労働時間（「剰余労働時間」）は六時間となります。つまり、資本家は、労働力という商品を価値どおりに購入したとしても、その労働力を自由に処分することができるので、労働者に剰余労働を課すことによって「剰余価値」を手に入れることができるのです。

その剰余価値の生産には二つの方法があります。一つは、労働時間の延長による「絶対的剰余価値」の生産ですが、労働者を一日中働かせることはできないので、この方法には限界があります。もう一つは、労働生産力を増大させることによる「相対的剰余価値」の生産ですが、第一の方法に限界がある以上、資本家は、ある段階から、優れた技術や機械の導入によって労働生産力を増大させることによって、必要労働時間を短縮させ、全労働時間に占める剰余労働時間の比率を高める第二の方法をとるようになるでしょう。

†資本の蓄積過程

剰余価値の資本への再転化を「資本の蓄積」と呼ぶことは前に触れましたが、マルクスによれば、資本の蓄積過程は、「資本の有機的構成」（不変資本C／可変資本V）を必然的に高度化させることになります。ところが、利潤率rは、$\frac{M}{C+V}$と定義されるので、そ

れは、長期的には下落していくでしょう。なぜなら、

$$r=\frac{M}{C+V}=\frac{\frac{M}{V}}{1+\frac{C}{V}}$$

なので、「剰余価値率」（M/V）が一定ならば、rはC/Vの上昇とともに下落するはずだからです。

しかし、資本の有機的構成の高度化（可変資本部分の相対的な減少）は、労働者の雇用を減らし、相対的な過剰人口を生み出すでしょう。これは、資本の蓄積過程に伴う副産物ですが、同時に資本蓄積の条件にもなります。というのは、資本家にとって、過剰労働人口のプールが存在することは、景気の波に応じていつでも自由に処分できるものがあるという意味で好都合だからです。マルクスは、そのような相対的な過剰人口を「産業予備軍」と呼びましたが、それがつねに存在することは、労働者の賃金や労働条件に悪影響を及ぼし、彼らの貧困をもたらしていきます。

しかし、労働者階級の貧困化がどんどん進んでいけば、資本家階級との対立が激化し、

さらに資本の蓄積過程に伴う生産手段の集中と労働の社会化の進行によって、「資本主義的生産様式」が維持できなくなる段階に到達します。そのとき、マルクスは、「資本主義的私有の最後を告げる鐘が鳴る。収奪者が収奪される(5)」というのです。

『資本論』のような大部の古典を右のように要約してしまうと、その価値を損なう恐れが多分にありますが、私がこの章で試みたかったのは、マルクス自身の言葉——「重農学説は、資本主義的生産の最初の体系的把握である(6)」——を尊重し、マルクスをケネーとのつながりという観点から、最初に「再生産表式」をもってきたに過ぎません。違う観点に立てば、また別の教え方もあるでしょう。

†シュンペーターの「静態」

シュンペーターがケネーの『経済表』を高く評価したことは、すでに触れましたが、それは、『経済表』で描かれたような「単純再生産」の世界(シュンペーターの言葉では、「静態」stationary state)が、シュンペーターの『経済発展の理論』(一九一二年)の出発点でもあるからでしょう。ただし、シュンペーターは、主に二十世紀前半に活躍した経済学者なので、「静態」の本質(すべての経済数量が年々歳々同じ規模で循環している状態)は同じでも、その具体的な内容には独自の特徴があることをつかんでおくことが必要です。

シュンペーターの「静態」の世界には、「本源的生産要素」（労働と土地）の所有者以外の経済主体が存在しません。これは、「企業者」（「新結合」、後年の言葉では、「イノベーション」の担い手）と「資本家」（シュンペーター理論では、「銀行家」を意味します）が「動態」においてのみ現われるという彼の思想を印象づけるための工夫と考えることもできるでしょう。「企業者」と「資本家」が不在なので、「静態」においては、すべての生産物の価値は、労働用役と土地用役の価値の合計に等しくなります。

『経済発展の理論』は、「企業者」の「新結合」の遂行が登場する第二章「経済発展の根本現象」ばかりが注目されるので、第一章「一定条件に制約された経済の循環」を精読する人たちは専門家以外には少ないのが残念ですが、「静態」から「動態」への飛躍の前に、シュンペーターが「静態」を具体的にどのように描いたかを本当はよく読んでもらいたいところです。第一章を詳細に解説するスペースはないので、ここでは、次のような文章を引用しておきましょう（のちに説明することになるでしょうが、あらかじめ注意しておくと、ここに出てくる「利益も損失も受けない企業者」は、シュンペーター発展理論では、単なる「経営管理者」のことで、真の「企業者」ではありません。また、「生産された生産手段の所有者」

は、ふつうは「資本家」と呼ばれていますが、シュンペーター発展理論では、企業者のイノベーションを資金的に援助する「銀行家」こそが真の「資本家」と呼ばれます(7)。

「われわれは財のたえざる流れを見る。また経済のたえず動いている過程を見る。しかしわれわれはその構成分子が一定量にとどまるなんらのストックも、またたえず補充されているなんらのストックも見ない。また経済単位にとっては、それが消費財を生産するか生産手段を生産するかはなんの相違ももたらさない。いずれの場合においても彼らはその生産物を同じ方法で売却し、完全な自由競争の前提のもとにおいては、その土地用役および労働用役の価値に相当する報酬を受け取るのであって、それ以上を受け取るのではない。もし一経営の指導者あるいは所有者を企業者と名づけるならば、その企業者は特別の機能も特別の所得ももたない、利益も損失も受けない企業者であろう。もし生産された生産手段の所有者を『資本家』と名づけるならば、それは他の生産者となんら異なるところのない単なる生産者にすぎず、その生産物を賃金と地代の合計として与えられる生産費以上に販売しえない点においてもまた他の生産者と同様であろう。」

†「新結合」とは何か

「静態」の世界は、ごく少数の天賦の才能に恵まれた人物が真の意味での「企業者」となり、「新結合」を遂行することによって破壊されます。シュンペーターは、「企業」や「企業者」について、「われわれが企業と呼ぶものは、新結合の遂行およびそれを経営体などに具体化したもののことであり、企業者と呼ぶものは、新結合の遂行をみずからの機能とし、その遂行に当たって能動的要素となるような経済主体のことである」(8)と定義しています。

シュンペーター以前の主流派経済学（有名なJ・M・ケインズの師匠筋に当たるA・マーシャルの『経済学原理』［一八九〇年］が念頭にあるものと推測されます）では、「生産要素の入手可能量の変化」「人口の増加」「貯蓄の増加」などが発展をもたらす要因となると指摘されていましたが、シュンペーターは、このような考え方に異議を唱えます。すなわち、これらの要因は質的に新しい現象ではなく、自然的与件の変化の場合と同様に適応過程を引き起こすに過ぎないと。(9)

『経済発展の理論』の第二章「経済発展の根本現象」は、何度読んでも興味尽きないところですが、彼が繰り返し強調しているのは、年々のわずかな連続的な変化は、決して発展をもたらすものではなく、「非連続的で急激な変化」(つまり、「新結合」のこと)だけが発展をもたらすのだということです。では、「新結合」とは、具体的には何なのでしょうか。その問に対して、シュンペーターは、次の五つを挙げています。(10)

一　新しい財貨の生産
二　新しい生産方法の導入
三　新しい販路の開拓
四　原料あるいは半製品の新しい供給源の獲得
五　新しい組織の実現

シュンペーターの「企業者」は、この意味での「新結合」を遂行する卓越した人物なので、「静態」の世界で、循環の軌道に従っているに過ぎない単なる「経営管理者」とは峻別されます。そして、「企業者」は「新結合」を遂行しようとする瞬間に現われるものなので、いつでも存在するような「職業」と同じに考えてはなりません。それゆえ、シュンペーターは、「誰でも『新結合を遂行する』場合にのみ基本的に企業者であって、したがって彼が一度創造された企業を単に循環的に経営していくようになると、企業者としての性格を喪失する」(11)と注意を喚起しています。シュンペーターが「企業者」を理念的に非常に厳しく捉えているのがわかるでしょう。

ところで、前に触れたように、「静態」の世界では、すべての生産物価値は労働用役と土地用役の価値の合計に等しくなりますが、「企業者」が忽然《こつぜん》と現われ、「新結合」の遂行に成功すると、労働者にも地主にも帰属しない新たな所得(企業者利潤)が発生します。シュンペーターの発展理論では、このように、企業者利潤は「動態」(「企業者」の「新結合」の遂行とともに始動します)においてのみ生じるので、「動態利潤説」と呼ばれています。

†「銀行家」こそが真の「資本家」

「企業者」が「新結合」を遂行しようとするとき、彼に資金的な援助をする人物が必要ですが、シュンペーターの発展理論では、「新結合」は「銀行家」の信用創造があって初めて遂行されます。「新結合」を遂行するには、「企業者」は、必要な生産手段を何らかの旧結合から奪い取ってこなければなりませんが、「静態」の世界には、「新結合」のための資金を提供してくれる人物がいないのです。なぜなら、「静態」の世界とは、すべての経済数量が同じ規模で循環しているに過ぎないので、貯蓄や資本蓄積をおこなう余裕がないからです。

シュンペーターは、その意味で、「銀行家」こそが真の「資本家」であると述べています。「銀行家」に特有の所得は利子ですが、これは企業者利潤から支払われるので、利子もまた「動態」の世界にのみ発生することになります。

シュンペーターの発展理論にとって、言うまでもなく、「企業者」が主役なのですが、「企業者」の「新結合」の遂行を資金的に援助する存在として、「銀行家」もまたその重要な補佐役だと言ってもよいでしょう。シュンペーターは、「社会的経済過程が強権的命令によって導かれていない場合にのみいえることであるが、彼は本質的に発展の一つの現象である。彼は新結合の遂行を可能にし、いわば国民経済の名において新結合を遂行する全権能を与えるのである。彼は交換経済の監督者である(12)」と、その重要な役割を指摘しています。

†シュンペーターの発展理論――好況と不況のしくみ

このように「企業者」と「銀行家」の役割を理解すれば、シュンペーターの発展理論のエッセンスを語るのはそれほど難しくはありません。

出発点としての「静態」の世界は、ごく一握りの「エリート」である「企業者」が、新しい可能性を発見し、それを「新結合」として遂行しようとする瞬間に破壊されます。どこの世界でもそうですが、先端を走る「企業者」はごく少数に過ぎませんが、いったん先駆者によって道が開かれると、それを模倣する人たちが大量に現われるようになり、「新結合」を先駆者よりもはるかに容易に遂行できるようになります。このような模倣者の群生は、「新結合」の群生につながり、その力が経済体系を「好況」へと導きます。

しかし、「好況」が永遠に続くことはあり得ません。第一に、やがて「新結合」の成果としての新しい財貨が市場に大量に出回るようになるので、価格は需給関係から下落していきます。第二に、「企業者」は「銀行家」に債務を返済しなければならないので、信用が収縮し、それが価格の低下に拍車をかけます。このような現象は、経済体系が「新結合」によって創造された新事態に対して適応しつつあるときにみられるものですが、これがシュンペーターのいう「不況」に他なりません。やや硬い文章ですが、シュンペーターは、「適応過程」としての「不況」観を次のように説明しています。[13]

「連続的出現によって連続的に惹き起こされた攪乱は連続的に吸収されうるのに対して、群生的出現の結果としては、特別の判然たる吸収の過程、新しいものの採用の過程、国民経済の新しいものへの適応の過程、整理過程、あるいは私が先に述べたように『静態化』の過程が起こらなければならない。この過程は周期的不況の本質であり、したがってわれわれの立場からすれば、それは、国民経済が好況の『攪乱』によって変革された与件に適応した新均衡状態に接近しようとする苦闘であると定義してよい。」

このような「不況」は、経済体系の「新結合」によって創り出された新事態への適応が完了し、再び「静態」の世界に戻るまで続きます。ただし、新たな「静態」の世界は、「発展」の成果(実質所得の上昇)を体現している点で古いものとは区別されます。

†「静態」vs「動態」

シュンペーターの発展理論のエッセンスは、右に述べたとおりですが、彼は、「静態」vs「動態」という形の理論構成をとっているので、原典を丁寧に読んでいけば決してついて行けないようなものではありません。とくに、『経済発展の理論』の第二章「経済発展の根本現象」は、現代でも示唆に富む文章が多いので、熟読することを勧めたいと思います。

そのなかでも、最後に引用しておきたいのは、「企業者」の「新結合」の本質を見事に抉り出した次のような文章です（ここには、発展理論では、「需要」と「供給」を相互に独立したものとして「均衡」を考える静態的な思考法は適用できないということが、明確に述べられているのがわかるでしょう(14)）。

「経済的観察は、欲求充足があらゆる生産活動の基準であり、そのときどきに与えられる経済状態はこの側面から理解されなければならないという根本的事実から出発するものであるとしても、経済における革新は、新しい欲望がまず消費者の間に自発的に現われ、その圧力によって生産機構の方向が変えられるというふうにおこなわれるのではなく——われわれはこのような因果関係の出現を否定するものではないが、ただそれはわれわれになんら問題を提起するものではない――むしろ新しい欲望が生産の側から消費者に教え込まれ、したがってイニシアティヴは生産の側にあるというふうにおこなわれるのがつねである。これが慣行の軌道における循環の完了と新しい事態の成立との間の多くの相違の一つである。すなわち、供給と需要とをたがいに原理的に独立した要因として対立させることは、第一の場合には許されるが、第二の場合には許されない。この結果として、第一の場合の意味における均衡状態は第二の場合にはありえないことになる。」

注

(1) 菱山泉『重農学説と「経済表」の研究』(有信堂、一九六二年)第六章を参照のこと。地主階級の収入が六〇〇リーブル、λが二分の一ならば、生産階級が負担する創設資本というべき「原前払い」の利子である三〇〇リーブルを含めて、この場合、一五〇〇リーブルの再生産額が毎年繰り返されることになります。ただし、菱山によれば、λが$\frac{1}{2}<\lambda<1$の場合は「拡大再生産」が実現されることになりますが、ケネーの著作のなかにもそれを示唆する文章があるので、『経済表』は

単なる「単純再生産」ではなく、「農業王国」における「拡大再生産」への道を内に秘めたモデルであったという「異端」の解釈が成り立ちます。
(2) J・A・シュンペーター『経済学史』中山伊知郎・東畑精一訳（岩波文庫、一九八〇年）六九ページ。（ ）内は引用者が補いました。本書全体を通じて、訳文は一部のマイナーな修正を除いて翻訳書に従いました。また、人名の呼び方も、全体的に統一するために、一部修正してあることをおことわりしておきます。
(3) 平田清明『経済科学の創造』（岩波書店、一九六五年）を参照のこと。
(4) アダム・スミス『国富論II』大河内一男監訳（中公文庫、一九七八年）四九七―四九八ページ参照。
(5) カール・マルクス『資本論（三）』向坂逸郎訳（岩波文庫、一九六九年）四一五ページ。
(6) カール・マルクス『資本論（五）』向坂逸郎訳（岩波文庫、一九六九年）二三一ページ。
(7) J・A・シュンペーター『経済発展の理論（上）』塩野谷祐一・中山伊知郎・東畑精一訳（岩波文庫、一九七七年）一一五ページ。
(8) 前同、一九八―一九九ページ。
(9) 前同、一七五ページ参照。
(10) 前同、一八三ページ参照。
(11) 前同、二〇七ページ。
(12) 前同、一九八ページ。

(13) J・A・シュンペーター『経済発展の理論（下）』塩野谷祐一・中山伊知郎・東畑精一訳（岩波文庫、一九七七年）二二三ページ。シュンペーターは、この意味での「正常な」吸収過程（または、整理過程）としての「不況」と、「異常な」吸収過程（または、整理過程）としての「恐慌」を区別しています。

(14) J・A・シュンペーター『経済発展の理論（上）』、前掲、一八一―一八二ページ。

【コラム1】 経済思想史家としてのシュンペーター

シュンペーターが、死後に刊行された『経済分析の歴史』(一九五四年)に結実したように、経済思想史家としても一流の仕事を成し遂げたことに知られていますが、彼が独自の経済学史観をもっていたことも留意しておくべきだと思います。

経済理論家としてのシュンペーターは、誰よりもレオン・ワルラス(一八三四―一九一〇)の一般均衡理論を高く評価しました。一般均衡理論とは、ワルラスによれば、「絶対的な自由競争」(今日では、「完全競争」と呼ばれています)の仮定の下での価格決定の理論ですが、それをかいつまんでいえば、次のようになるでしょうか。――ある与えられた時点で、経済体系にとっての与件(資源・人口・技術・社会組織)を固定し、競争を徹底的におこなうならば、もはやこれ以上変化しない状態としての一般均衡状態に到達する。ワルラスは、このような一般均衡状態を連立方程式体系で数理的に表現しようとしたのだと(詳しくは第2章を参照)。

ワルラスの一般均衡理論は、「時間の要素」を考慮していないので、「静学理論」(static theory)と呼ばれていますが、シュンペーターは、それを適用して「静態的過程」（stationary process）を解明することは可能だと考えていました。つまり、「静学」に時間を導入して、一般均衡状態の経済数量がつねに同じ規模で循環していると考えればよいわけです。

このように理解すると、一般均衡理論を樹立したワルラスは偉大だけれども、それによって解けるのは「静態的過程」のみで、「動態」（これこそ、まさに、シュンペーターの『経済発展の理論』のメインテーマですが）の世界はいまだ未解決だということになります。それにもかかわらず、シュンペーターは、一般均衡理論を遺したワルラスに終生敬意を払っていました。『経済分析の歴史』のなかにも、次のようなワルラス讃美の文章が見られます。

「ワルラスの手によって、経済的世界の静学理論は、同時に相互に決定し合うと考えられる経済的諸要因ないしは諸変数（消費財ならびに生産財ないしは用役の価格と数量）のあいだの多数の量的関係（諸方程式）という形態で表わされた。この偉大な離れ業が成就されるやいなや——やがてわれわれが若干詳細に研究すべきこの精密経済学のマグナ・カルタが描かれるやいなや——ワルラス以前の経済学においては知られていなかったようなタイプの研究が、その姿を現わし始めた。もちろん純粋理論なるものはまさに経済学の当初から、ないしはほとんどその当初から存在していた。しかしその技術は簡単な事柄だった。ところがワルラス流の同時方程式の体系が現われると、特別に論理的ないしは数学的な性質を持った新しい一群の問題が提起されることとなり、これらはワルラスないしはその他の何びともがかつて認識していたよりも、はるかに微妙でありまたはるかに深部まで達するものである。」(『経済分析の歴史(下)』東畑精一・福岡正夫訳、岩波書店、二〇〇六年、四〇六―四〇七ページ)

ワルラスの一般均衡理論を「精密経済学のマグナ・カルタ」とまで持ち上げるシュンペーターなので、個々の経済学説の評価が、一般均衡理論との何らかの関連があるかないかによって左右されるのは十分に予想されることです。このような学説史の書き方は、経済思想史家というよりは経済理論家のほうに多いのですが、このような小さな欠点があったにしても、『経済分析の歴史』が今日においても経済思想史家が仰ぎ見る傑作である事実は変わりません。実際にその本を読んでみれば、読者はシュンペーターの百科全書的な知識に圧倒されるに違いありません。

ワルラスへの高評価とは対照的に、シュンペーターは、J・M・ケインズ（そして、彼の師匠筋に当たるアルフレッド・マーシャル）に対しては、その才能を十分に認めながらも、かなり批判的な文章をあちこちで書いています。ここにはその詳細を語るスペースはありませんが、シュンペーターは、ケインズの『雇用・利子および貨幣の一般理論』（一九三六年）全体に漂う「経済停滞のヴィジョン」を受け入れることができませんでした。なぜなら、「企業者」の「新結合」の可能性は、「海図に載っていない海」のようなもので、一九三〇年代の世界的な大不況の状況だけを観察して、それが枯渇したとは言い切れないからです。

また、マーシャルの『経済学原理』（一八九〇年）に対しては、経済発展が連続的であるというヴィジョンに反対を表明しました。その理由は、本文でも触れたように、シュンペーターの発展理論では、「企業者」の「新結合」の遂行は非連続的に遂行されるものであり、マーシャルの『経済学原理』のモットー「自然は飛躍せず」の正反対（非連続的な経済発展）こそが、シュンペーターのヴィジョンだったからです。

【コラム2】マルクスとシュンペーター

マルクス経済学は、一昔前のわが国の有力大学では隆盛を極めていたのですが、ベルリンの壁の崩壊（一九八九年）以降、急速にその影響力を失っていきました。もっとも、最近では、小泉政権時代（二〇〇一―〇六）の新自由主義路線（そのキャッチフレーズは、「構造改革なくして景気回復なし」、「景気回復」の代わりに「経済成長」が入ることもありました）の負の遺産（とくに世間の耳目を集めたのは、経済格差の拡大という問題）に焦点が当てられることが多くなり、そのおかげで「マルクス」の名前やその思想について、久しぶりに公の場で語る人たちも増えてきましたが、大学の経済学教育の場では、「マルクス」の看板を立てて講義する研究者はほんの一握りだというのが実情に近いと思います。

ところが、シュンペーターは、マルクス主義者には決してならなかったにもかかわらず、学生時代からマルクス主義の文献を渉猟し、研究者になってからも、マルクスが「発展」についての動態的なヴィジョンをもっていたことを高く評価していました。これは、ケインズがマルクス主義にほとんど関心がなかった（『資本論』についても、解説書を読んでその輪郭を知ったのみ）のと好対照です。

ワルラスの一般均衡理論がせいぜい「静態的過程」の解明にしか役に立たないことを早い段階で悟ったシュンペーターは、みずからの発展理論の構想を練っているとき、マルクスこそが経済発展に関して動態的ヴィジョンをもっていた先駆者であったことに気づきました。シュンペーターにとっては、マルクスの労働価値説も、資本家による労働者の「搾取」もさしたる関心事ではなかったのですが、マルクスの動態的ヴィジョンにだけは折に触れて称賛の言葉を捧げるのを忘れませんでした。『経済分析の歴史』のなかから引用してみましょう。

「イデオロギーによってその根元にいたるまでが汚染された一八四〇年および一八五〇年代の社会状況の診断にもとづいており、また大衆の窮乏がつねに増加していくという予言において絶望的に間違っており、事実から言っても分析から言っても不適切にしか立証できないものではあるが、しかもマルクスの業績は、あらゆるもののなかでももっとも強力なものである。彼の思想の一般的図式においては、経済発展は、当時のあらゆる他の経済学者の場合のように経済静学に対する一つの付録ではなく、実に中心的なテーマをなすものであった。そして彼は、経済過程がいかに、それみずからの内在的論理の力によって自己を変革しながら、絶えず社会的枠組み——事実において社会の全体——を変革していくかを示す課題に、その分析力を集中したのである。」(『経済分析の歴史(中)』東畑精一・福岡正夫訳、岩波書店、二〇〇六年、三六三ページ)

マルクスの『資本論』では、「資本家」(「生産手段の所有者」というふうに使われる意味ですが、シュンペーターの意味での「企業者」の役割も兼ねる存在として描かれます。古典派やマルクス主義の文献では、一部の例外を除いて、「資本家」と「企業者」が概念的に明確に区別されていませんでした)が、他の「資本家」との競争に打ち勝つために、つねに優れた技術や機械の導入を図らなければなりませんが、これは、本文でも説明したように、「資本の蓄積過程」が「資本の有機的構成」を高めていくことを意味しています。そこから先は、「利潤率の傾向的下落」「産業予備軍の形成」「労働者の貧困化と階級闘争の激化」など、マルクス経済学を多少とも知っている人たちにはお馴染みのプロセスを経て、「資本主義的生産様式」が止揚されるという結論に至るのですが、マルクスは、シュンペーター流にいえば、つねに「動態」の世界に関心をもっていたのです。

シュンペーターの『経済発展の理論』は、英雄的な企業者像を謳い上げていますが、興味深いことに、彼は、資本主義の発展によって「競争的資本主義」から「トラスト化された資本主義」へとシフトすると、「企業者機能の無用化」（「新結合」の担い手の多くが、天才的な「企業者」個人というよりは、大企業内部の官僚化された専門家集団になると、真の意味での「企業者精神」は消滅してしまうと考えていました）が生じ、長期的には、資本主義は衰退していくだろうと論じるようになりました。詳細は、晩年の著作『資本主義・社会主義・民主主義』（一九四二年）を読んでほしいのですが、「資本主義は、その失敗によってではなく、その成功によって衰退する」というシュンペーター流のレトリックは、当時、大きな評判を呼んだものでした。

シュンペーターは、マルクスの動態的ヴィジョンを除けば、『資本論』の「経済分析」のほとんどを承伏できないものと考えていましたが、「資本主義が究極的には滅んでいく」という結論だけには異議を唱えませんでした。もちろん、その後の歴史が明らかにしたように、滅んだのは「社会主義」のほうで、「資本主義」ではなかったのですが、シュンペーターの資本主義衰退論は、「純粋経済学」ではなく「経済社会学」の分野に属する仕事なので、晩年の著作は、「シュンペーター体系」に関心のある研究者にとっては、いまだに素通りできない重要文献となっています。

第二章 価値と分配の理論

「価値と分配の理論」という表現は、現代経済学の教科書のタイトルに選ばれることはほとんどありませんが、イギリスの古典派経済学の解説をするときには、いまでもよく使われています。この章では、「古典派」という言葉を、アダム・スミス（一七二三―九〇）の『国富論』（一七七六年）に始まり、デイヴィッド・リカード（一七七二―一八二三）の『経済学および課税の原理』（一八一七年）を経て、J・S・ミル（一八〇六―七三）の『経済学原理』（一八四八年）に至るまでのイギリスにおける正統派経済学の系譜を意味するものとして使います。しかし、古典派経済学は、一八七〇年代の「限界革命」以降の混乱のなかで次第に勢力を失い、最終的には、アルフレッド・マーシャルの『経済学原理』（一八九〇年）に正統派の地位を譲り渡すことになります。

そこで、この章は、まず、古典派の「価値と分配の理論」とはどんなものだったのか（古典派の「価値と分配の理論」の意味については、あわせて「補説1」も参照）、そして、古典派に対する「反逆」として生じた「限界革命」の意義とは何か、について語ることからスタートすることにしましょう。

†リカード経済学の体系——四本の柱

古典派の「価値と分配の理論」を最も体系的に提示したのは、株式仲買人として一財産かせぎ、生活のゆとりができたので、いわば「道楽」のように余生を楽しむつもりで経済学を始めたリカードです。リカード体系は、四本の柱によって支えられていますが、それをひとつひとつ説明していきましょう。[1]

(1) 投下労働価値説　労働価値説は、リカードに先立つスミスも説いていますが、スミスは、労働価値説を、資本の蓄積と土地の占有に先立つ「初期未開の社会状態」で成り立つ「投下労働価値説」と、資本が蓄積され土地が占有された「文明社会」で成り立つ「支配労働価値説」の二つに使い分けしました。――すなわち、「初期未開の状態」では、労働の生産物は労働者に賃金として帰属するので、商品の価値は、それを生産するために投下された労働量によって決定される（投下労働価値説）。しかし、資本が蓄積され土地が占有された「文明社会」では、賃金の他に利潤と地代が加わるので、商品の価値は、投下労働量と等しくならず、その商品が市場で購買し、支配する労働量によって決定される（支配労働価値説）。

しかし、リカードは、「初期未開の社会状態」であろうと「文明社会」であろうと、商品の価値は投下労働量によって決まるという立場を堅持しました。[2] そして、投下労働量によって決まった一定量の大きさの価値が、賃金と利潤に分配されると考えました（地代の決まり方は、すぐあとの「差額地代論」で説明します）。

もちろん、商品によっては、労働によって生産することができず、その商品の価値がもっぱら「稀少性」によって決定されるものもあります（例えば、珍しい絵画や彫刻など）。しかし、リカードは、それらは商品総量のなかのごく一部に過ぎないとして、価値論の対象から除外しています。

(2) **差額地代論**　この理論は最初はわかりにくいかもしれませんが、その考え方は、丁寧にリカードの思考法を追っていけば、それほど難解ではありません。

差額地代論は、土地の質には優劣があり、最も生産性の高い（生産費のかからない）土地から次第に生産性の劣る（生産費のかかる）土地へと耕作が進んでいくというごく当たり前のことを前提にしています。そして、それが「差額」地代論と呼ばれるのは、穀物の価格が、使用されているなかで最も生産性の低い土地（限界地）での生産費をちょうど補う水準に決定されるので、限界地では地代は発生しない（限界地よりも生産性の優る土地でのみ地代が発生する）と主張するからです。まだわかりにくいでしょうから、もう少し説明を加えていきましょう。

資本が蓄積され人口が増加するような世界では、耕作は生産性の優れた（生産費のかからない）土地から生産性の劣った（生産費のかかる）土地へと進まざるを得ませんが、穀物の価格は限界地での生産費によって決まるので、より生産性の優る土地では余剰が発生します。これが地代となるのです（限界地では地代は発生しないことに再び注意して下さい）。

それゆえ、リカードは、「地代が支払われるから穀物が高価なのではなく、穀物が高価だから地代が支払われるのである」[3]と結論づけているのです。

(3) 賃金の生存費説

リカードに先立つスミスが、商品の価格について、「市場価格」（需給状況を反映して上下します）と「自然価格」（スミスは、賃金の平均率＋利潤の平均率＋地代の平均率、と説明しましたが、ここでは、おおよそ「生産費」と考えてもよいでしょう）を区別したように（「補説1」を参照）、労働の価格についても、「市場賃金」（労働の市場価格）と「自然賃金」（労働の自然価格）を区別することができます。

商品の価格の場合、労働・資本・土地の自由な移動が可能であれば、市場価格は絶えず自然価格に引き寄せられていく傾向があるので、スミスは、自然価格が「中心価格」であると説きましたが、リカードは、同じように、労働の価格の場合も、自然賃金が「中心価格」となると考えました。

たしかに、労働に対する需給状況次第では、市場賃金が一時的に自然賃金から乖離する可能性がありますが、リカードは「マルサスの人口法則」（マルサスのあまりに有名な言葉ですが、確認のために引用しておきましょう。「人口は、制限されなければ、等比数列的に増大する。生活資料は、等差数列的にしか増大しない。数学をほんのすこしでもしれば、第一の力が、第二の力にくらべて巨大なことが、わかるであろう[4]」と）を承認しているので、賃金率は、長期的には、生存費水準である自然賃金に落ち着くはずです。例えば、自然賃金よりも高い市場賃金が成立したとしても、それは、利潤のシェアの低下と人口の増加傾向を生み出すので、やがて資本蓄積や労働需要の減少と労働供給の増大が生じ、賃金率は自然賃金まで下落していくからです。

(4) **収穫逓減の法則**　リカードの「収穫逓減」は、端的にいえば、「土地」の収穫逓減のことですが、リカード経済学では、この法則は、資本の蓄積と人口の増大に伴って、耕作が生産性の優る土地から生産性の劣る土地へと進まなければならないという「動態」経済に固有のものだと捉えられています。

以上の四つを「道具箱」に入れると、リカード経済学を次のように簡潔にまとめることができます。――資本の蓄積と人口の増大が進むにつれて、耕作はより劣等な土地へとシフトしていかなければならないが、それは、限界地での生産費で決まる穀物価格の上昇→(自然)賃金の上昇と利潤のシェアの低下をもたらす。そして、最終的には、利潤(=「全生産額―地代」―賃金総額)がゼロとなる「定常状態」が訪れるだろうと。

†リカード理論を図式化する

リカード経済学は、体系的に構成されているので、経済理論家による数理モデル化に適した特徴をもっています。実際、著名な経済学者がリカード理論の数理モデル化を試みた例は探せば幾らでもあるのですが、[5] 難解な数学は使いたくないので、ここでは、ニコラス・カルドア(一九〇八―八六)というイギリスのケインジアンが簡単な図を使ってリカード経済学を見事に表現することに成功した例を取り上げてみましょう(図1を参照のこと)。[6]

図1では、縦軸に穀物(Corn)の産出量が、横軸に労働投入量(Labour)が測られていますが、リカードは「土地」の収穫逓減を仮定しているので、「限界生産物」M_p(正確に

は、十九世紀後半の「限界革命」のあとに登場する概念ですが、ここでは、労働投入量一単位の増加によってもたらされる穀物産出量の増加分と考えて下さい）が右下がりに描かれています。限界生産物が逓減していくので、「平均生産物」A_p（穀物の産出量を労働投入量で割ったもの）も逓減していくことは言うまでもありません。

いま、労働投入量がＯＭであれば、穀物の産出量はＯＣＤＭとなりますが、この場合、RENT（地代総額）はＢＡＤＣの部分となります。なぜなら、労働投入量がＯＭであれば、限界地での限界生産物はＭＡであり、それと平均生産物ＭＤとの差額が地代となるので、全体では、ＢＡＤＣの部分が地代総額となるからです。そして、賃金率がＯＷで一定ならば、WAGES（賃金総額）はＯＭＫＷとなるので、PROFITS（利潤総額）は残りのＷＫＡＢとなるでしょう。

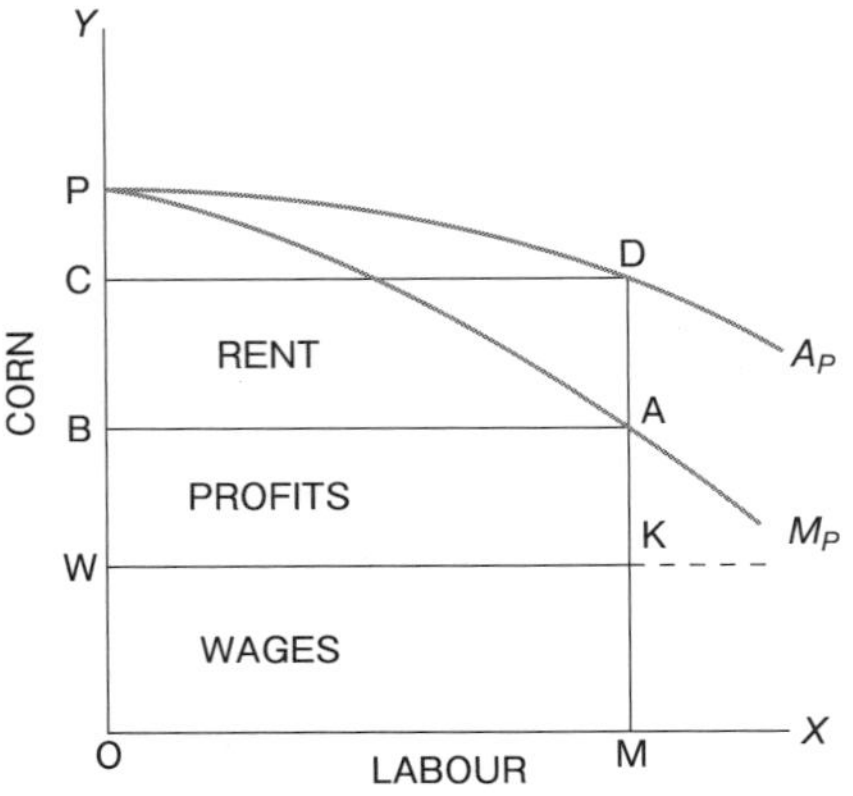

図1

容易に予想がつくように、耕作がさらに劣等な土地へと進んでいくと、地代総額の増大によって、利潤総額と賃金総額にあてられる部分が減少していきますが、賃金総額は一定の賃金率に労働投入量をかけた大きさなので、最終的には、利潤総額がゼロとなるような状態が訪れるでしょう。これが、古典派の「定常状態」であることは、もはや繰り返す必要はないでしょう。

数理化にせよ図式化にせよ、何らかのモデル化をおこなう場合は、どこかには単純化の仮定を置かなければなりませんが、カルドアが考案した図は、リカード経済学を視覚的にわかりやすく説明することに成功していると思います。

†比較生産費説

ところで、リカードは、利潤総額がゼロとなるような「定常状態」の到来はできるだけ先に延ばしたいと考えていました。彼は、『経済学および課税の原理』を発表する以前から、穀物の自由貿易（当時のイギリスにとっては、安価な外国の穀物の自由な輸入を意味していましたが）を主張していましたが、その理由は、穀物が安価になれば、利潤総額がゼロになる「定常状態」の到来は先延ばしできるので、まだまだ資本蓄積が進行する余地がで

商品	イギリス	ポルトガル
ぶどう酒	120	80
毛織物	100	90

表2

きるからでした。「価値と分配の理論」というテーマからは少し離れますが、リカードは自由貿易を正当化するために、「比較生産費説」(「比較優位の原理」とも呼ばれます)という国際経済学で最初に必ず習う理論を提示しているので、そのあらましを紹介することにしましょう。

いま、生産要素は労働だけで、国際間の労働移動は起こらないと仮定しましょう。リカードは、イギリスとポルトガルの二国がぶどう酒と毛織物という二つの商品を一単位生産するのに必要な労働量(一年間に何人の労働が必要かで測ります)が表2のような場合を例に挙げています。

これを見ると、ポルトガルは、ぶどう酒と毛織物のどちらの生産でも必要な労働量はイギリスよりも少ないことがわかります。これを、ポルトガルが二つの商品の生産において「絶対的優位」をもっていると表現します。しかし、リカードは、この場合でも両国間で貿易はおこなわれると主張します。その理由を考えてみましょう。

貿易前のイギリスでは、一単位の毛織物は約〇・八(100/120)単位のぶどう酒と交換されますが、もしポルトガルとの貿易がおこなわれるならば、イギリスがポルトガルに毛織物を輸出し、その一単位を現地でぶどう酒と交換することによって約一・一(90/80)単位のぶどう酒を手に入れることができます。他方、貿易前のポルトガルでは、一単位のぶどう酒は約〇・九(80/90)単位の毛織物と交換されますが、もしイギリスとの貿易がおこなわれるならば、ポルトガルがイギリスにぶどう酒を輸出し、その一単位を現地で毛織物と交換することによって一・二(120/100)単位の毛織物を手に入れることができます。

リカードは、このようなことが可能なのは、イギリスでは、毛織物のぶどう酒に対する相対コスト(これを「比較生産費」と呼びます)がポルトガルよりも低く(イギリスが100/120なのに対して、ポルトガルでは90/80)、反対に、ポルトガルでは、ぶどう酒の毛織物に対する相対コスト(比較生産費)がイギリスよりも低い(ポルトガルの80/90に対して、イギリスは120/100)からだと考えました。リカードは、このように、相対コスト(比較生産費)の違いに着目して自由貿易の利益を説きましたが、私たちは今日これを「比較生産費説」と呼んでいます。

†限界効用説 vs 生産費説

古典派の「価値と分配の理論」の典型としてリカード経済学に注目しましたが、リカードが十九世紀前半のイギリスの経済学界に甚大な影響を及ぼしたことは事実としても、十九世紀も後半になると、価値論をめぐって新たな思考法が台頭してきました。

それは、経済学史では「限界革命」と呼ばれていますが、奇しくも、イギリスのW・S・ジェヴォンズ(一八三五—八二)、オーストリアのカール・メンガー(一八四〇—一九二一)、フランス(奉職したのは、スイスのローザンヌ大学ですが)のレオン・ワルラス(一八三四—一九一〇)の三人がほぼ同時期に同じようなアイデアを含む著作を発表しました(ジェヴォンズの『経済学の理論』は一八七一年、メンガーの『国民経済学原理』も同じく一八七一年、ワルラスの『純粋経済学要論』は一八七四—七七年の出版)。もちろん、限界革命には、先駆者がたくさんいる上に、三人の経済学者の思想上の相違点も重要なのですが、今日「限界効用」(消費量を一単位増加させたことによる効用の増加分)と呼ばれる概念を使って価値論にアプローチした点は共通しています。

かつて、アダム・スミスは、『国富論』(一七七六年)のなかで、次のように「価値のパ

ラドックス」と呼ばれる現象を指摘していました。(7)

「最大の使用価値をもつ物が、しばしば交換価値をほとんどまったくもたないことがあり、これとは反対に、最大の交換価値をもつ物が、しばしば使用価値をほとんどまったくもたないことがある。水ほど有用なものはないが、水ではほとんどなにも購買できないし、それと交換にほとんど何も入手できない。反対にダイヤモンドは、ほとんどなんの使用価値ももっていないが、それと交換に非常に大量の他の財貨をしばしば入手することができる。」

しかし、スミスは、このような「価値のパラドックス」を指摘しただけで、その謎を解くことができませんでした。他の古典派の人々も同様です。ところが、限界革命を担った人々は、これをいとも簡単に片付けてしまったのです。——すなわち、水は「総効用」(それを消費することで得られる効用の総量)は高いものの、稀少性がないために「限界効用」が低く、交換価値をほとんどもたない。反対に、ダイヤモンドは、きわめて稀少なので限界効用が高く、交換価値もきわめて高いと。

イギリスで限界革命を担ったジェヴォンズは、書簡集などを読むと、比較的早い時期から、「限界効用」（彼は、『経済学の理論』では、「最終効用度」という言葉を使っていますが）の概念をつかんでいたことがわかっています。例えば、兄であるハーバート宛の書簡（一八六〇年六月一日付）のなかには、次のような件があります。「もっとも重要な公理の一つは、人が消費しなければならない任意の財、例えばふつうの食糧の数量が増加するにつれて、使用された最後の部分から得られる効用ないしは便益はその度合が減少するということです（食事の初めと終わりのあいだの享楽の減少をこの一例と考えることができるでしょう）。そして、私は、平均して効用比率は、財の数量のある数学的な連続関数であると仮定するのです(8)」と。

古典派のスミスやリカードは、「市場価格」が一時的に「自然価格」から乖離する可能性があることを認めていましたが、自由競争が支配している限り、価格は長期的には「自然価格」に戻ってくると信じていました。ここで、「自然価格」とは、前にも触れたように、ほぼ「生産費」と同じ意味だと考えてもよいものです。

しかし、ジェヴォンズは、生産費が価値を決めるという古典派の理論は全くの謬見《びゅうけん》であると切って捨てました。ジェヴォンズの著作を読むと、リカード、そして彼を受け継いで最後の古典派経済学者と呼ばれることもあるジョン・スチュアート・ミル（一八〇六―七三）に対する執念に近いような糾弾の言葉が登場します。「究極において真の経済学体系が樹立された暁には、かの有能であるが、思想の間違った男デイヴィド・リカードが経済科学の車輌を誤った軌道に逸らしたことが判明するであろう。しかもこの軌道は、等しく有能ではあるが、思想の間違った彼の讃美者ジョン・スチュアート・ミルが右の車輌を混乱に向かってさらに押し進めて行ったところのものである」(9)と。

†マーシャルの価値論――需要と供給の均衡

ところが、このような価値論をめぐる論争（限界効用説vs生産費説）を冷静な眼でみつめていた一人の聡明な研究者がおりました。のちに、「ケンブリッジ学派」の創設者となり、イギリスの経済学界に君臨することになるアルフレッド・マーシャル（一八四二―一九二四）です。マーシャルは、価値論をめぐって限界革命派と古典派が熾烈《しれつ》な論争を繰り広げるのは時間の無駄と考えていました。なぜなら、マーシャルによれば、二つの学説は、時間の長さを明確にすることによって、「需要と供給の均衡」という枠組みのなかに包摂することができるからです（「補説2」を参照）。

いま、時間の長さが非常に短い場合を想定してみましょう。そのとき、財の供給量は一定になるので、供給曲線が垂直に描かれることになります（縦軸に価格、横軸に需要量・供給量を測ったお馴染みの図を思い浮かべて下さい）。それゆえ、この場合では、もっぱら需要曲線の形状いかんで価格が決まります。マーシャルは、限界革命派が、需要側に注目し、「限界効用」によって価格の決定を論じていたとき、彼らは暗黙裏に非常に短い時間を想定していたに違いないと考えました。

反対に、時間の長さが非常に長い場合を想定すると、供給曲線が水平に描かれるようになりますが、その意味は、その財が一定の生産費で生産されるということです。この場合は、価格は生産費ですでに決まっていますが、需要曲線がないと数量が決まりません。つまり、時間が非常に短い場合は、供給量が一定だったので、均衡数量はすでにわかっており、均衡価格のみが未決定だったのに対して、時間が非常に長い場合は、生産費によって均衡価格はすでにわかっており、均衡数量のみが未決定の場合に対応しています。マーシャルは、古典派が生産側に注目し、「生産費」によって価格が決まると主張するのは、このように非常に長い時間を想定した場合だと考えました。

かくして、一見相対立しているようにみえる限界効用説と生産費説も、時間の長さを明確にすることによって、「需要と供給の均衡」という共通の枠組みのなかに包摂されるのです。マーシャルは、次のように言っています。[10]

「一般原則としては、われわれの考察している期間が短いほど、価値に対する需要の影響に対して注意が払われる部分は大でなければならない。また期間が長くなるにつれて、価値に対する生産費の影響がより重要となるであろう。なぜなら生産費の変化の影響は、原則として、需要の変化の影響よりもその実現に長い時間がかかるからである。」

✝ワルラスの一般均衡理論

マーシャルは、この章の初めに述べたように、イギリスにおける正統派経済学の権威としての地位を古典派の最後の経済学者であったJ・S・ミルから受け継ぎ、一九三〇年代のケインズ革命に至るまで、その地位を保持しました。マーシャル経済学は、当時、古典派の正統を受け継ぐという意味で「新古典派経済学」と呼ばれていましたが、第二次世界大戦後には、マーシャルというよりワルラスの一般均衡理論の影響力が強まり、「新古典派」といえば、ワルラス経済学の系譜を指すようになりました。

その理由の一つは、マーシャルの「需要と供給の均衡」が、実は、特定の財を取り上げて、「他の条件が変わらなければ」という条件付で成り立つ「部分均衡理論」(「補説2」を参照)であったのに対して、ワルラス経済学は、すべての市場における「需要と供給の均衡」を考察するという意味でより「一般的」なものと見なされたからでしょう。一般均衡理論の現代的な表現は、高度に数学的で難解なので、ここでは、ワルラス経済学の思考法をオリジナルに忠実な形で説明してみましょう。

ワルラスは、主著『純粋経済学要論』の第四版(一九〇〇年)の序文のなかで[11]、「純粋経済学は本質的には絶対的な自由競争という仮説的な制度の下における価格決定の理論である」と述べていますが、同時に、「純粋経済学」(ここでは、一般均衡理論とほぼ同じ意味で使われています)は、「社会的富の理論」でもあることに注意を喚起しています。

「社会的富」とは、ワルラスによれば、稀少であるために価格をもつことのできるもの(物質的・非物質的にかかわらず)の総体ですが、「社会的富」は、さらに、耐久性のある「資本」と、一回しか使用できない「収入」に分けることができます。わかりやすくいえば、ストックとしての「資本」がフローとしての「収入」を生み出すという関係にあるわけですが、このように考えると、「資本」とは、「狭義の資本」(固定資本)「土地」「人的能力」の三つであり、「収入」とは、それに対応して「資本用役」「土地用役」「人的用役」の三つ（および、一回しか使用できないという意味で消費財や原料を含む）であると定義することができるでしょう。

「資本用役」「土地用役」「人的用役」の所有者である「資本家」「地主」「労働者」は、自分のもっている用役を、個人的な消費に使う部分と、「企業者」（ただし、彼は、シュンペーターの意味での「企業者」ではなく、「経営管理者」に近い存在です）に売却する部分にわけますが、その際、用役の個人的な消費から得られる効用と、用役を企業者に売却した対価で購入した生産物から得られる効用の総和を最大化しようとするでしょう。他方、「企業者」は、購入した用役を様々な生産的用途にあてることによって利潤を最大化しようとするでしょう。

こうして、この経済には、「売手」としての用役の所有者（「資本家」「地主」「労働者」）と「買手」としての「企業者」が出会う生産用役の市場と、「売手」としての「企業者」と「買手」としての用役の所有者たち（「資本家」「地主」「労働者」）が出会う生産物の市場が成立しますが、ワルラスによれば、生産の一般均衡に到達するには、三つの条件（「生産用役の需給の均等」「生産物の需給の均等」「生産物の価格と生産費の均等」）が満たされなければなりません。
ワルラスは、数学的能力が少しばかり欠落していたので、このような問題をあまり見栄えのしない連立方程式体系を作り、方程式の数と未知数の数が一致するので一般均衡解が得られると片付けてしまったのですが、のちの一般均衡理論の展開をみると、彼が与えたと思い込んでいた「証明」は実にプリミティブなものであったことがわかっています。けれども、ワルラスの時代には、そのようなプリミティブな証明でさえ、まだ一般的とはなっていなかったのです。ワルラスは、『純粋経済学要論』のなかで、次のように嘆いています(12)。

「私は本書の第四十章に私の理論と同様に数学的でありながら、私の理論とただ一つの点で相違している理論の見本を掲げた。その相違点とは、私が私の問題において未知数と同数の方程式を得ることを常に厳守したのに対し、これらの学者は一つの未知数を二つの方程式によって決定しようとしたり、あるいは一つの方程式を用いて二個、三個または四個の未知数を決定しようとしたりしたことである。このような方法は純粋経済学を精密科学として構成する方法に全く相反するものと考えられるであろうことを私は希望する。」

限界革命のもたらしたもの

「需要と供給の均衡」という思考法は、マーシャルの部分均衡理論にせよワルラスの一般均衡理論にせよ、現代経済学のあらゆる分野に浸透しています。その源流を辿っていくと、「限界革命」にまで行き着くわけですが、その意義を単に「限界概念」(始まりは、もちろん、「限界効用」でしたが、のちには、生産の領域に拡張され、生産要素を一単位増加させたことによる生産物の増加を意味する「限界生産物」という概念も使われるようになります)に求めるのではなく、今日では、マーシャル流にせよワルラス流にせよ、「均衡理論」として結晶したことに求めるのが通説になったと言ってよいでしょう。

戦前から戦後にかけて、わが国における理論経済学の発展に貢献した安井琢磨(一九〇九—一九九五)は、「限界革命のもたらしたもの」(一九七二年五月)と題する講演のなかで次のように述べていますが、まさしく核心を突いた解釈だと思います。[13]

「限界革命を、……われわれはもはや古い学説史の本に書いてあるように、メンガー、ジェヴォンズ、ワルラスが限界効用理論をつくり上げたのがその革命の核心だと言ってはならない。そうではなくて、限界革命の急所は、今日の近代経済学の基本パラダイムである一般均衡理論、あるいは総じて均衡理論というものをつくり出したところにあるのであって、それはワルラスとマーシャルの二人によって主として築かれたのである。そこに重点を置いてこの歴史を見るべきではないか、というのが私の一番言いたい意見です。」

†スラッファによる「古典派アプローチ」の再生

それでは、古典派の価値論を現代に伝えるような試みは全くなくなってしまったのでしょうか。決してそうではありません。「価値と分配」の問題に生産の側からアプローチするという意味で「古典派」を定義するならば、イタリア出身の経済学者で、長いあいだイギリスのケンブリッジ大学で研究生活を送ったピエロ・スラッファ（一八九八―一九八三）の主著『商品による商品の生産』（一九六〇年）は、まさに「古典派アプローチ」を現代に甦らせようとした労作といえると思います[14]（スラッファがなぜ「古典派の価値論」の再生を試みたのかについては、「補説3」を参照）。

スラッファの関心は、需給状況によって絶えず変動する「市場価格」ではなく、スミスやリカードが「自然価格」と呼んだものに当たりますが、誤解を招かないように注意しておくと、彼は単に「価格」と呼んでいます。

さて、いま、小麦と鉄という二つの産業から構成される経済を考えてみましょう。すなわち、小麦産業では、五〇クオーターの小麦、二〇トンの鉄、四分の一の労働を投入して八〇クオーターの小麦が産出されており、鉄産業では、二〇クオーターの小麦、二〇トンの鉄、四分の三の労働を投入して八〇トンの鉄が産出されている場合を取り上げます。ここで、小麦の価格をp_1、鉄の価格をp_2、労働一単位当たりの賃金をw、利潤率をrとおくと、次のような生産方程式が得られます。

$$
\begin{aligned}
(50p_1+20p_2)(1+r)+\frac{1}{4}w&=80p_1\\
(20p_1+20p_2)(1+r)+\frac{3}{4}w&=80p_2
\end{aligned}
\qquad (1)
$$

小麦を「価値尺度財」（ニュメレール）にとると（すなわち、$p_1=1$）、(1)式には、方程式が二個なのに対して、未知数は三個（p_2, w, r）あります。これを「自由度1の体系」と呼びますが、未知数の数が方程式の数よりも一個多いわけなので、rまたはwが外部から与えられなければ、モデルは完結せず、小麦表示の鉄の価格もわかりません。

モデルの閉じ方については、いろいろな見解がありますが、ここでは、古典派の「競争」（本来、最大の利潤率を求めて資本が各産業間を自由に出入りすることを意味していました）メカニズムによって、両産業において均等の利潤率 r が成立しているものと考えて下さい。その場合、留意すべきは、価格が経済の「投入・産出構造」（「生産方法」）に規定されて決まるので、需要は何の役割も演じないことです。

ところで、この経済では、全体として七〇クオーターの小麦と四〇トンの鉄が投入され、八〇クオーターの小麦と八〇トンの鉄が産出されているので、「純生産物」は一〇クオーターの小麦と四〇トンの鉄から構成されることになります。小麦を「ニュメレール」にとったので（$p_1=1$）、純生産物の価値は、$10+40p_2$ となります。しかし、p_2は r または w の変化とともに変化するので、純生産物の価値（$10+40p_2$）も変化してしまいます。

つまり、分配されるべき純生産物の価値が、賃金と利潤への分配の変化とともに変化するのです。それゆえ、分配が変化しても、不変の価値をもつ尺度財を発見しない限り、賃金と利潤率のあいだの分配関係を明確に定式化することができないという問題が発生します。これを「不変の価値尺度」の問題と呼んでいますが、実は、かつてリカードもこの問題にぶちあたったものの、結局、その問題を解明することができませんでした。

†『商品による商品の生産』の骨子

ところが、スラッファは、次のような解決法を提示しました。先に挙げた小麦産業と鉄産業の生産規模をそれぞれ五分の八、五分の四に変化させてみましょう。

$$(80p_1+32p_2)(1+r)+\frac{2}{5}w=128p_1$$
$$(16p_1+16p_2)(1+r)+\frac{3}{5}w=64p_2 \qquad (2)$$

ここでは、経済全体として、九六クオーターの小麦と四八トンの鉄が投入され、一二八クオーターの小麦と六四トンの鉄が産出されているので、純生産物は、三二クオーターの小麦と一六トンの鉄から構成されることになります。また、労働の雇用総数は、前と同じく一になります。

この仮想の生産体系では、「生産手段」「生産物」「純生産物」のどれもが小麦と鉄の等しい比率（二対一）での組合せから構成されていることに注意しましょう。スラッファは、このような生産体系を「標準体系」、標準体系の純生産物（この例では、三二クオーターの小麦と一六トンの鉄）を「標準商品」と呼びました。

利潤率rは、（利潤／生産手段）と定義されますが、「標準体系」の特徴に注目すれば、それは、次のように物量関係だけで表示することが可能です。

$$r = \frac{利潤}{生産手段}$$

$$= \frac{標準商品 - 賃金}{生産手段}$$

$$= \frac{標準商品}{生産手段} - \frac{賃金}{標準商品}\ \frac{標準商品}{生産手段}$$

$$= R - w^{*}R = R(1 - w^{*})$$

ここで、Rは、（標準商品／生産手段）のことですが、「標準体系」の特徴に注目すれば、価格とは無関係に物量間の比率（この例では、三分の一）として求めることができます。w^{*}は、（賃金／標準商品）と定義されていますが、それは、「標準商品」を価値尺度にとっていることを意味しています（これも価格とは無関係に物量間の比率として求められます）。

かくして、(3)式のような価格から独立した線型の関係が、「標準商品」を価値尺度にとるという工夫によって成り立つことになるわけです。

$$r = R(1 - w^*) \qquad (3)$$

(3)式のような関係は、実は、「標準体系」にのみ成り立つのではありません。「標準体系」は、現実の体系における各産業の規模をそれぞれ一定倍してつくられたものなので、数学的には等値であり、両体系は同一の解を与えるはずなのです。つまり、「標準体系」は、現実の体系のなかに埋め込まれて、隠されているだけなのです。それゆえ、(3)式は、そのまま現実の体系にも適用されるので、わざわざ「標準体系」を構成しなくとも、(1)式と(3)式を連立させることが、すなわち、「標準商品」を価値尺度にとることになるのです。

ただし、(1)式と(3)式を連立させたとしても、体系が自由度1であることは変わりません。スラッファ自身は、『商品による商品の生産』のなかでは、独立変数として利潤率 r を選び、それが「生産の体系の外部から、とくに貨幣利子率の水準によって、決定されることが可能である」[15]というごく短い文章しか残していないので、その解釈をめぐって、いろいろな見解があるのですが、その詳細に立ち入ることは入門書の範囲を超えるので控えることにしましょう。[16]ただし、スラッファにとっては、モデルの閉じ方に何らかの確定した方法があるというよりは、自由度が1であると提示したことのほうが重要だったのではないでしょうか。

スラッファによる「古典派アプローチ」の再生の試みは、彼が所属したケンブリッジ大学、彼の母国イタリア、イギリスへのエリートの留学が多かったインド、そして、彼と親交のあった菱山泉（京都大学）などに大きな影響を与えましたが、残念ながら、現代経済学の主流派とはなっていません。ただし、経済思想史を学ぶときは、「価値と分配の理論」への「古典派アプローチ」が、時代を超えて、現代にも甦ることがあり得ることを知っておくべきだと思います。

注

（1）フィリス・ディーン『経済思想の発展』奥野正寛訳（岩波書店、一九八二年）一〇七―一二三ページ参照。

（2）リカードは、商品の生産に用いられる固定資本と流動資本の構成の違い、固定資本の耐久度の違い、流動資本の回収期間の違いなども価値に影響しうることも考察していますが、それらの影響は軽微なものであるとして、投下労働量が価値決定の主要な要因であるという立場を崩していません。

（3）D・リカード『経済学および課税の原理（上）』羽鳥卓也・吉澤芳樹訳（岩波文庫、一九八七年）一一二ページ。

（4）T・R・マルサス『人口論』永井義雄訳（中公文庫、一九七三年）二三ページ。

（5）例えば、L・L・パシネッティ『経済成長と所得分配』宮崎耕一訳（岩波書店、一九八五年）を参照のこと。

（6）出典は、Nicholas Kaldor, "Alternative Theories of Distribution," *Review of Economic Studies*, vol.23, no.2, 1955-56, in *The Essential Kaldor*, edited by F.Targetti and A.P.Thirlwall, Duckworth, 1989, p.204.

（7）アダム・スミス『国富論I』大河内一男監訳（中公文庫、一九七八年）五〇ページ。

(8) R.D.Collison Black, ed., *Papers and Correspondence of William Stanley Jevons*, vol.2, 1973, pp.410-411.
(9) W・S・ジェヴォンズ『経済学の理論』小泉信三・寺尾琢磨・永田清訳、寺尾琢磨改訳(日本経済評論社、一九八一年)xlivページ。この文章は、第二版(一八七九年)への序文からの引用。
(10) A・マーシャル『経済学原理3』永澤越郎訳(岩波ブックセンター信山社、一九八五年)三七一—三八ページ。
(11) L・ワルラス『純粋経済学要論』久武雅夫訳(岩波書店、一九八三年)xページ。
(12) 前同、xixページ。経済的に意味のある一般均衡解の存在証明のためには、現代経済学ではトポロジーという高度な数学を使って証明するようになりました。例えば、二階堂副包『現代経済学の数学的方法』(岩波書店、一九六一年)を参照のこと。
(13) 安井琢磨『経済学とその周辺』(木鐸社、一九七九年)一六四ページ。
(14) スラッファ経済学の入門書としては、菱山泉『ケネーからスラッファへ——忘れえぬ経済学者たち』(名古屋大学出版会、一九九〇年)が必読書です。もちろん、余裕があれば、スラッファ自身の『商品による商品の生産』菱山泉・山下博訳(有斐閣、一九六二年)に挑戦して下さい。
(15) P・スラッファ『商品による商品の生産』、前掲、五七ページ。
(16) 例えば、拙著『現代経済学講義』(筑摩書房、一九九四年)第十章を参照のこと。

【コラム3】「定常状態」をめぐって

古典派の「定常状態」は、本文でも述べたように、例えばリカードにとって、できるだけその到来を将来へと引き延ばしたいような状態を意味するのが普通でした。ところが、リカードの次に「最後の古典派経済学者」としてイギリスの正統派経済学を担ったJ・S・ミルは、「定常状態」に関して、ほかの古典派の人々とは違った積極的な評価を与えました。彼はこんなことを言っています。

「資本および人口の停止状態なるものが、必ずしも人間的進歩の停止状態を意味するものではないことは、ほとんど改めて言う必要がないであろう。停止状態においても、あらゆる種類の精神的文化や道徳的社会的進歩のための余地があることは従来と変わることがなく、また『人間的技術』を改善する余地も従来と変わることがないであろう。そして技術が改善される可能性は、人間の心が立身栄達の術のために奪われることをやめるために、はるかに大きくなるであろう。産業上の技術でさえも、従来と同じように熱心に、かつ成功裏に研究され、その場合における唯一の相違といえば、産業上の改良がひとり富の増大という目的のために奉仕するということをやめて、労働を節約させるという、その本来の効果を生むようになる、ということだけとなるであろう。」(『経済学原理(四)』末永茂喜訳、岩波文庫、一九六一年、一〇九―一一〇ページ)

ミルのような見解は、地球環境問題が深刻になり、従来の「経済成長至上主義」に対する疑問が広がってきた現代でこそ、かえって「正論」のように思えるかもしれませんが、彼が活躍した十九世紀の中頃では、もちろん、「異端」の烙印《らくいん》を押されました。

ミルは、知識ばかりでなく、広い意味での教養を深めるには、ときには「孤独」のなかでみずからを省みることも必要だと考えていましたが、彼の時代に、すすんで「定常状態」に入る準備をするべきだということは勇気の要ることだったに違いありません。

「もしも地球に対しその楽しさの大部分のものを与えているもろもろの事物を、富と人口との無制限な増加が地球からことごとく取り除いてしまい、そのために地球がその楽しさの大部分のものを失ってしまわなければならぬとすれば、しかもその目的がただ単に地球をしてより大なる人口――しかし決してよりすぐれた、あるいはより幸福な人口ではない――を養うことを得しめることだけであるとすれば、私は後生の人たちのために切望する。彼らが、必要に強いられて停止状態に入るはるか前に、自ら好んで停止状態に入ることを。」（『経済学原理（四）』末永茂喜訳、前掲、一〇九ページ）

現代でも、地球環境問題に対する理解はあったとしても、日本やアメリカの経済界は、景気が悪化すると、いつの間にか、その問題への関心を失ってしまうことがありますが、それだけになおさら、ミルの問題提起は「先進的」であったと言えるのではないでしょうか。

【コラム4】メンガーの主観主義

メンガーが、ジェヴォンズやワルラスとともに、「限界革命」のトリオとして言及されてきたことは本文で述べたとおりですが、メンガーは、あとの二人よりも「主観主義」を前面に打ち出したという特徴をもっています。

もともと、「限界効用」という概念そのものが、問題となる財の消費量の増大がどれだけ効用の増大をもたらすかに関して消費者のそれぞれが下す評価という意味で「主観的」な性質をもっていたわけですが、トリオのなかではメンガーが最も「主観的価値論」にこだわっていたと言ってもよいでしょう。彼は次のように言っています。「価値は、自己の支配下にある財が自己の生命および福祉の維持に対して有する意義に関し経済人の下す判断であり、したがって経済人の意識の外には存在しない」と(『国民経済学原理』安井琢磨訳、日本評論社、一九三七年、八〇ページ)。

メンガーは、主観的価値論から交換の理論へと進みましたが、留意すべきは、ここでも、「交換」とは、財に対する経済主体の評価が異なるがゆえに生じると捉えられていることです。メンガーは、「孤立的交換」の例から始めますが、価格は最初から需給均衡によって決まるのではなく、経済的な交換が成立する範囲内で交換当事者の交渉力によってある点に決まるという理論を提示しています。

いま、AとBという二人の経済主体が存在する「孤立的交換」を考えてみましょう。Aにとっては、自分の支配下にある一〇〇単位の穀物の価値は、四〇単位のぶどう酒の価値に等しく、Bにとっては、自分の支配下にある四〇単位のぶどう酒の価値は、八〇単位の穀物の価値に等しいとします。この場合、四〇単位のぶどう酒が穀物を価値尺度にとって八〇単位以上一〇〇単位以下であれば、双方にとって交換による経済的な利益が生じます。それゆえ、価格は、この価格幅の範囲内であればよく、それをある一点に決めるのは交換当事者の交渉力なのです。

このような「孤立的交換」のケースは、現代経済学では、「双方独占」と呼ばれているものに相当しますが、メンガーは、次に多数者の交換のケースへと議論を進めていき、今日の用語で「完全競争」に近づくにつれて、価格幅は次第に縮小し、ついに、価格が一点に収束するというアイデアを提示しています。

このような思考法は、最初から「完全競争」を仮定した価格決定理論を構想したワルラスとはきわめて対照的ですが、ここには、「競争」とは「プロセス」であるというオーストリア学派の特徴がよく表われているように思われます。のちに、オーストリア学派の流れをくむF・A・ハイエク（一八九九―一九九二）が「意見の形成の過程」としての「競争」という概念を提示するようになりますが、その源流は、もちろん、メンガーにあるのです。ハイエクは次のように言っています。

「競争は、何がもっとも良くもっとも安いかについて、人びとがもつ見方を創り出す。

そして人びとが、すくなくとも、いろいろな可能性と機会について現に知っているだけのことを知るのは、競争のおかげである。競争はこのようにして、与件における連続的な変化を含む過程であり、それゆえに競争の意義は、与件を不変として取り扱うような理論によって、完全に見失われてしまう他ないのである。」（「競争の意味」、『市場・知識・自由』田中真晴・田中秀夫編訳、ミネルヴァ書房、一九八六年所収、九八ページ）

メンガーはまた独自の「貨幣」観を通じてもハイエクに影響を及ぼしています。先の「孤立的交換」のような単純な例でも、経済主体は自分の支配下にある財の価値が相手の支配下にある財の価値よりも小さいような別の経済主体を探す手間がかかりますが、もし自分にとっては直接の使用目的には役立たないものの、それをもっていれば交換相手を見つけやすいような財――「販売可能性」の高い「商品」――が交換を繰り返すうちに見つかれば、商品のなかで最も「販売可能性」の高いものが事実上「貨幣」の役割を演じるようになるでしょう。すなわち、メンガーによれば、「貨幣」とは、不均衡の世界で各経済主体が自分の欲望満足をできるだけ最大にしようという行為を繰り返すなかで自生的に発生するものなのです。

このような「貨幣」観は、形を変えて、ハイエクの「自生的秩序」（人間の行為の結果ではあるが、人間の設計の結果ではないような秩序）論へと受け継がれていきます。

ハイエクは、古代ギリシャ以来、人々の思考が、「人為的なもの」（人間の行為の意図された結果であるという意味）と「自然的なもの」（人間の意思と行為から独立に存在するという意味）の二分法によって支配されてきたことに批判的であり、「自生的秩序」の発見こそが十八世紀イギリスの自由主義思想の発展にとって画期的な意義を有していたと生涯を通じて強調しました。反対に、「発見できるすべての秩序が計画的な設計による」という誤った思想は、デカルト派の合理主義から現代のケインズ主義まで決して死ぬことはなかったのですが、ハイエクは、そのような思想こそ究極的に自由の否定や全体主義をもたらすのだと一貫して批判し続けました。

ハイエクの思想に関心のある読者は、前に挙げた『市場・知識・自由』というよく編集された論文集を読んでみて下さい。

第三章 ケインズ革命

マーシャルやワルラスの均衡理論が経済学界に受け入れられるとともに、経済学の「分析装置」も次第に精巧なものになっていきましたが、一九三〇年代の世界的な大恐慌に直面して、また一つの「壁」にぶちあたることになりました。すなわち、当時の主流派（マーシャル経済学と言い換えてもよいと思いますが）には、「労働者は働く意思があるにもかかわず、なぜ非自発的に失業してしまうのか」についての理論が欠落していたからです。

J・M・ケインズ（一八八三―一九四六）の『雇用・利子および貨幣の一般理論』（一九三六年）――以下、『一般理論』と略称――は、まさにこの課題に取り組み、「有効需要の原理」と呼ばれる新理論を提示したわけですが、世間で「ケインズ革命」と呼ばれるほどの革新的な理論の形成を正確に理解するには、「革命」に至るまでの前史をまとめておく必要があると思います。

†ケインズとヴィクセル

マーシャルの弟子であったケインズは、当初は、マーシャル経済学の忠実な「使徒」として、それを教えていたことをみずから認めています。とくに、ケインズの特徴といえば、彼が貨幣論の専門家として世に知られていたことでしょう。『一般理論』以前の主要作も、

『貨幣改革論』（一九二三年）や『貨幣論』（一九三〇年）のように、書名のなかに必ず「貨幣」の文字が入っていました。『一般理論』形成史を詳しく説明するスペースは本書にないので、ここでは、『貨幣論』とその周辺に話を限定することにしましょう。

ケインズの『貨幣論』は、二巻から構成された意欲作でしたが、『一般理論』が世に出てからは、半ば忘れられた名著になってしまいました。しかし、ケインズが数年後に『貨幣論』から『一般理論』のほうへ方向転換していった理由を知るには、『貨幣論』に影響を与えたスウェーデンの経済学者クヌート・ヴィクセル（一八五一―一九二六）の理論と、『貨幣論』のなかの「基本方程式」との関連に触れなければなりません。[1]

ヴィクセルは、当時の正統的な貨幣理論である「貨幣数量説」（「コラム5」を参照）の再検討から研究を開始しましたが、貨幣数量説とは、かいつまんでいえば、貨幣供給量の増大が物価の上昇をもたらすという学説のことを指しています。ところが、ヴィクセルは、一八七三年から九〇年代半ばに至るまでの不況の時期を観察していたところ、低金利によって金余り状態が続いているにもかかわらず、物価が落ち着いているという貨幣数量説では説明できない現象にぶつかりました。

ヴィクセルが、思索の末に到達した結論は、次のようなものでした。すなわち、なるほど銀行組織が設定した利子率（ヴィクセルは、これを「貨幣利子率」と呼びました）は低かったかもしれないが、それよりも投資と貯蓄の均等をもたらす利子率（ヴィクセルの言葉では、「自然利子率」）はさらに低かったからだと。

一般に、新古典派経済学と呼ばれていた当時の正統派は、利子率は貯蓄と投資が等しくなるところで決定されるという理論をもっていましたが、この理論は、需要・供給による価格決定理論を金融市場に適用したものでした。この理論によれば、たとえ現実の利子率が、このような理論で決まる利子率（「正常利子率」とよく表現されましたが、ヴィクセルの「自然利子率」とほぼ同じ概念と考えてもよいでしょう）から一時的に乖離することがあったとしても、長期的には、正常利子率に戻るというのです。例えば、利子率が正常利子率以下になれば、投資が貯蓄よりも多くなり、利子率をいずれは正常な水準に引き戻すだろうというように。

しかし、ヴィクセルは、このような理論が成り立つのは、銀行組織が介在しない「単純な信用経済」のケースのみであり、銀行組織が貸付をおこなう「組織された信用経済」では、事情が違ってくると考えました。というのは、後者では、銀行は少なくとも国内の貸付資本市場で支配する利子率（「貨幣利子率」のこと）を、「自然利子率」とは違う高さに設定し、それを維持することができるからです。ヴィクセルは、まさに、このような「組織された信用経済」に関心をもっていたのです[2]。

さて、「自然利子率」と「貨幣利子率」が一致した状態から出発するとして、いま、何らかのイノベーションが生じて予想利潤率が高まり、その結果、「自然利子率」が「貨幣利子率」よりも高くなった場合を考えてみましょう。その場合、投資を拡大するのが有利なので、投資が貯蓄を超えるようになりますが、留意すべきは、「完全雇用」の仮定が置かれているので、その影響がもっぱら物価のほうに及ぶことです。投資が貯蓄を超えるケースでは、物価水準が上昇していきます。この過程は、何らかの理由で（例えば、銀行組織が銀行準備の枯渇を心配して「貨幣利子率」を引き上げる可能性は十分にあり得ます）、「自然利子率」と「貨幣利子率」が等しくなるまで、累積的に続きます。これが、ヴィクセルの「累積過程」と呼ばれている現象です。

逆に、何らかの理由で、「貨幣利子率」が「自然利子率」よりも高くなれば、貯蓄が投資を超えるようになるので、物価水準は下落していきます。この過程も、「自然利子率」と「貨幣利子率」が等しくなるまで、累積的に続くでしょう。もちろん、この「累積過程」は、前の場合とは反対に、物価下落の方向に進みます。

ヴィクセルは、名著『利子と物価』(一八九八年)のなかで、次のように述べています。(3)

「ところで、もしなんらかの原因によって、平均的貨幣利子率がたとえどんなにわずかでもこの正常の高さ(「自然利子率」)以下に見積もられ、しかも引きつづきその高さに維持されるとすれば、物価は騰貴し、しかも繰り返しその騰貴をつづけるであろう。あるいはもし物価がすでに下落しつつあったならば、下落の度合がより緩慢となり、結局は逆の方向に転じて騰貴するであろう。

これに反して、もし貨幣利子がどんなにわずかな大きさだけでも、同じ時期の自然的資本利子の高さ以上に引きつづき維持されるとすれば、物価は絶えず下落して結局そのとどまるところを知らないであろう。……

……肝要なことは、ただ次の前提のうちにのみ存在する。すなわち、他の事情が与えられているかぎり、物価の維持は一定の貸付利子の保持に依存するということ、および現実の貨幣利子とこの利率との間に、上下いずれにせよ永続的な開きがあるならば、それは連続的に前進する累積的な作用を物価の上に及ぼすということである。」

†ケインズの『貨幣論』

「自然利子率」と「貨幣利子率」の関係から物価問題にアプローチするヴィクセルの新機軸は、『貨幣論』を執筆中だったケインズに一定の影響を及ぼしました。ヴィクセルの影響をどの程度まで認めるかについては見解の相違がありますが、ケインズが次のように述べている以上、(4) 何らかの重要なヒントを与えたことは間違いないでしょう。

「ヴィクセルは、私の見るところでは、その銀行利率の理論を数量方程式に連結させることには成功しなかったが、その理論は、内容と意図とにおいて、本書（『貨幣論』）の理論と密接な（カッセルのヴィクセル解釈よりもはるかに）親近性のあるものである。」

ケインズの『貨幣論』は、大著なので、そのすべてを紹介するスペースはありませんが、ヴィクセルとの関連性について語るには、少なくとも、その本のなかで「基本方程式」（とくに、「産出量全体の価格水準」πに関するもの）と呼ばれている方程式を説明しなければなりません。(5)

いま、産出量全体の価値をY（$=\pi O$、Oは実質産出量）で表わすことにしましょう。Yは、投資の価値Iと消費の価値Cの和に等しい一方で、生産要因に対する貨幣所得Eと「意外の利潤」Qの和に等しいと定義されます。『貨幣論』では、Eには「正常利潤」は含まれますが、正常以上の「意外の利潤」は含まないと定義されていることに注意しましょう。

$$Y = C + I \qquad (1)$$
$$Y = E + Q \qquad (2)$$

さらに、『貨幣論』のケインズは、貯蓄Sを「意外の利潤」を含まない貨幣所得から消費を引いたもの（$S = E - C$）として定義しているので、(1)式と(2)式をあわせて考慮すると、次の式が導かれます。

$$Q = I - S \qquad (3)$$

(3)式は、『貨幣論』では、「意外の利潤」が投資と貯蓄の差額に等しいことを示していますが、これを(2)式に代入して、$Y=\pi O$に注意しながら整理すると、次の式が得られます。

$$\pi=\frac{E}{O}+\frac{I-S}{O} \qquad (4)$$

(4)式が、ここで問題にしている『貨幣論』の「基本方程式」です。

ケインズは、ヴィクセルと同じように、$I-S=0$をもたらすような利子率を「自然利子率」と定義し、その利子率と銀行組織が設定する「市場利子率」(ヴィクセルの「貨幣利子率」に当たります)の関係から物価問題にアプローチしていきました。――すなわち、「自然利子率」が「市場利子率」よりも高ければ、投資が貯蓄を超えるようになり、物価水準はE/O(産出量一単位当たりの正常生産費)よりも上昇する。反対に、「市場利子率」が「自然利子率」よりも高ければ、貯蓄が投資を超えるようになり、物価水準はE/Oよりも下落するというように。二つの利子率が等しい場合にのみ、投資と貯蓄が等しくなり、物価水準は安定する(E/Oに等しくなる)ことは言うまでもありません。

†「有効需要の原理」へ——「セーの法則」との決別

『貨幣論』の「基本方程式」は、ケインズが初めに考えていたように、ヴィクセル理論をより明確な形で表現したものとして捉えてもよいと思いますが、ところが、やがて『貨幣論』を批判的に検討していたケンブリッジの若手研究者たち（いわゆる「ケンブリッジ・サーカス」のメンバーであったR・カーン、J・ロビンソン、ピエロ・スラッファなど）から、このようなアプローチは暗に「産出量一定」を仮定しているのではないかという重大な疑義が呈されました。このような批判に答えるためには、産出量決定の理論が必要なので、結局、ケインズもその方向に進まざるを得なくなるのですが、その辺のケインズの知的葛藤の跡は、六年後に出版される『雇用・利子および貨幣の一般理論』の序文のなかに反映されています。(6)

「私のいわゆる『基本方程式』は産出量を一定と仮定した上での瞬間描写であった。それは、産出量を一定と仮定した上で、利潤の不均衡を引き起こし、したがって産出量水準の変化を要求する諸力がどのように発展するかを示そうとする試みであった。しかし、瞬間描写とは別の動態的発展の取扱いは、不完全で著しく混乱したままに残されていた。それに対して、本書は、全体としての産出量および雇用の規模の変化を決定する諸力の研究を主としたものにまで発展している。」

しかし、「産出量一定」を仮定していたからといって、ケインズだけを責めるのは少々酷ではないでしょうか。というのは、ケインズ以前の経済学者のほとんどは「セーの法則」（「供給はそれみずからの需要を創り出す」という考え方を指します。「補説4」を参照）の影響を受けていたからです。

ケインズは、「セーの法則」を承認している経済学者を「古典派」（スミスからリカードを経てJ・S・ミルへと受け継がれてきた、ふつうの意味での古典派経済学の人々ばかりでなく、自分の先生であるマーシャルや先輩のA・C・ピグーなども含みます）と一括しましたが、その分類法はなるほど強引すぎる嫌いはあるものの、ケインズの時代の正統派であったマーシャル経済学でも、短期的には、「セーの法則」が当てはまらない不整合が生じても、長期的には、「セーの法則」が成り立つと考えられているので、自分の攻撃のターゲットを定めるには好都合だったのでしょう。

「セーの法則」が成り立っているのならば、「供給はそれみずからの需要を創り出す」ので、そもそも需要不足などは起こりえないはずですが、ケインズは、現実には、イギリスは一九二〇年代から続く高い失業率に悩まされており（一九三一年七月の時点で二八〇万もの失業者を抱えていました）、その大部分は需要不足に基づく「非自発的失業者」であると考えていました。「非自発的」とあるのは、現行の賃金率ではむしろ働かないことを選ぶ「自発的失業者」や、労働の産業間の移動が不完全であるために需要の変化に対応しきれず、一時的に生じる「摩擦的失業者」と区別するためです。

それゆえ、ケインズは、『一般理論』では、「セーの法則」と決別し、社会全体としての「有効需要」（実際の貨幣の支出に裏づけられた需要のこと）の不足が産出量を低い水準に決めており、それによって現行の賃金率で働く意思がありながら職にありつけない「非自発的失業者」が生じるのだという「有効需要の原理」を全面に打ちだしていくことになるのです。ケインズの「有効需要の原理」は、「乗数理論」と「流動性選好説」という二つの柱によって支えられているので、以下、ひとつずつ説明していきましょう。

†「国民所得」はどう決まるか

『一般理論』の課題は、すでに触れたように、物価水準ではなく、何が産出量（または国民所得）を決めるのかを解明することにありましたが、ケインズは、最初にマーシャルの意味での「短期」（人口・技術・資本設備が所与であること）と、「封鎖経済」（政府の経済活動と外国貿易の存在を捨象していること）の想定を置いています。ケインズ理論の「長期化」や、ケインズは、政府支出と外国貿易をモデルに組み込むことは容易にできますが、『一般理論』のケインズは、大不況や大量失業の解明という当面の問題に集中するために、そのような想定を置いていると考えて下さい。

このような想定の下では、国民所得は、供給面からみれば国民生産物の供給を、需要面からみれば消費需要と投資需要の合計を表わすことになりますが、ケインズは、国民所得の均衡水準は、その両者が等しくなるところで決定されると考えました。簡単にモデル化してみましょう。

国民所得はふつうYと表示されますが、「有効需要」を構成する消費需要Cと投資需要Iについて、さらに次の仮定を置きましょう。――すなわち、消費需要Cは国民所得の増加とともに増加するが、Cの増加はYの増加には及ばない（数学的には、$0<\frac{\Delta C}{\Delta Y}<1$と表現されますが、ケインズは、$\frac{\Delta C}{\Delta Y}$を「限界消費性向」と呼んでいます）。そして、投資需要は、

ひとまず一定額がYから独立に与えられていると。以上から、国民所得について、需要と供給が等しくなる条件は、次の式によって示されることになります。

$$Y = C(Y) + I \qquad (5)$$

ケインズは、『貨幣論』と違って、『一般理論』では、貯蓄Sを$Y-C$と定義しているので（CがYの関数なので、SもまたYの関数になります）、(5)式は次のように書き換えることができます。

$$S(Y) = I \qquad (6)$$

(5)式と(6)式を図示したものが、図2の(a)と(b)です。留意すべきは、こうして決まったYが必ずしも完全雇用に対応した国民所得Y_fに等しいとは限らないことです。図2では、YがY_fに足りない場合、すなわち、労働者が現行の賃金率で働く意思がありながら職を見つけることができない「非自発的失業」が発生している場合が描かれています。

教科書的にいうと、「非自発的失業」が生じている場合は、消費を増やすための減税、投資を増やすための低金利、それでも足りなければ、政府みずからが公共投資をおこなうなどの対策を講じなければならず、逆に総需要が過剰でY_eがY_fを超えるような場合は、増税、金利の引き上げ、公共投資の削減などの対策が必要ですが、これらが、いわゆる「ケ

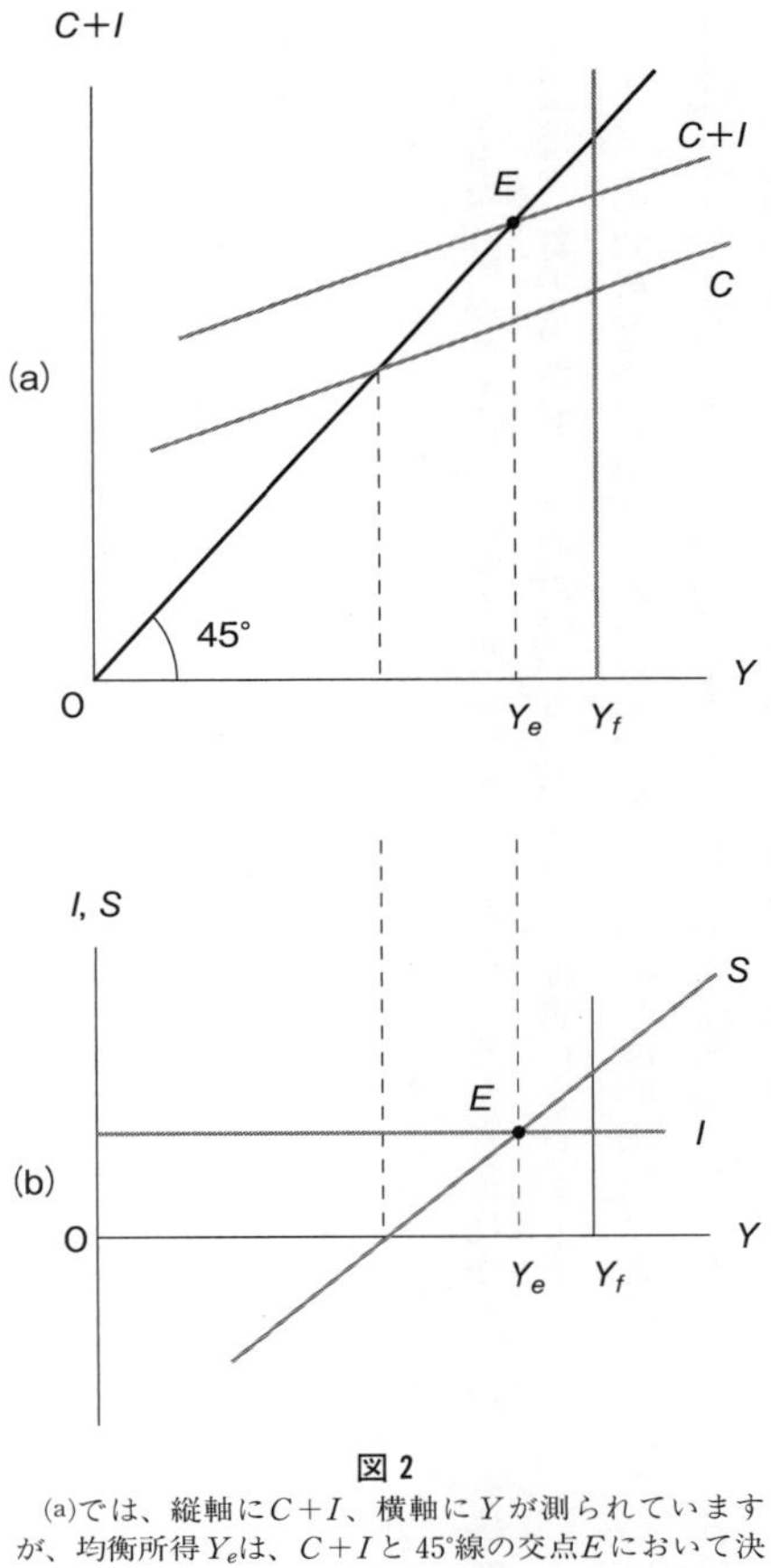

図 2

(a)では、縦軸に$C+I$、横軸にYが測られていますが、均衡所得Y_eは、$C+I$と45°線の交点Eにおいて決まります。

(b)では、同じことですが、均衡所得Y_eは、IとSの交点Eにおいて決まります。

インズ政策」と呼ばれているものです。とくに、通俗的には、景気が落ち込んだときの財政出動（しばしば財政赤字を伴います）が「ケインズ主義」の名で語られますが、ここでは、まだその事実を指摘するだけにとどめておきましょう。

†乗数理論

ところで、ケインズ経済学というと、すぐ「乗数効果」（投資の増大がどれだけの所得の増大をもたらすか）という言葉を思い出す人たちがいるかもしれませんが、乗数理論をめぐっては、若干の誤解があるので、以下、簡単に説明しておきます。

ふつうの教科書で説明される「乗数」とは、「波及論的乗数」と呼ばれるものに当たります。――例えば、初めに一〇〇億円の投資の増大ΔIが生じたとすると、それは全体として同じ額の所得の増大ΔYとなる。限界消費性向cが〇・八だとすると、所得の増大のうちの八〇億円は消費の増大ΔCとなる。この消費の増大は、同じ額の所得の増大を生み出す。さらに、その八〇億円の所得の増大から〇・八をかけた値である六四億円が消費の増大となる。……というプロセスが続いていき、最終的には、初めの投資の増大一〇〇億円を、$\frac{1}{1-\text{限界消費性向}}$倍（ここでは、五倍となりますが、それが「乗数」の値です）しただけの所得の増大（ここでは、五〇〇億円）をもたらすと。すなわち、$\Delta Y = \frac{1}{1-c}\Delta I$。「波及論的乗数」は、もともと、ケインズの教え子であったリチャード・カーン（一九〇五―八九）が「国内投資の失業に対する関係」（一九三一年六月、『エコノミック・ジャーナル』という世界的な経済学専門誌に掲載されました）と題する論文のなかで提示したものですが、ケインズは、優れた弟子の才能に啓発されながらも、カーンとは違った乗数理解を示しました。

カーンの「波及論的乗数」の考え方は、投資の乗数効果が一定の時間的経過を経て初めて実現されるというものですが、それでは、波及過程が収束しないうちは乗数関係は成り立たないのでしょうか。ケインズは、そうは考えませんでした。

最初に投資が増大したとき、所得の増大一〇〇億円のうち八〇億円が消費されていましたが、その段階では、まだそれに見合う消費財は生産されていないので、消費財の在庫を取り崩して消費財が供給されていると考えるほかありません。在庫の減少は負の投資なので、実は、最初の投資の増大のうち純投資に当たるものは二〇億円に過ぎません。しかし、この段階でも、所得の増大一〇〇億円は、純投資二〇億円に乗数の値五をかけたものに等しいので、やはり乗数関係は成り立っています。次の段階でも、所得の増大は一八〇億円

（二〇〇億円＋八〇億円）になりますが、純投資は三六億円（二〇億円＋一六億円）なので、それに乗数の値五をかければ、一八〇億円になります。

ケインズは、このように、純投資をとるならば、乗数関係はいかなる時点においても成立していると考えました。これを「即時的乗数」と呼びます。「波及論的乗数」と「即時的乗数」の違いは、久しい以前からケインズ経済学の研究者には知られていましたが、(7) 残念ながら、ふつうの教科書のなかには採り入れられていないのが現実です。

†ケインズ像はなぜ歪められたのか――「波及論的乗数」の幻想

伊東光晴（京都大学名誉教授）は、そのような現状を憂えて、最近の著作のなかでも、ケインズがカーンの「波及論的乗数」をとらなかったのは、それが在庫が減少した分だけ生産する（先の例では、初めの段階で、負の投資が八〇億円あれば、それと同じ額の生産がおこなわれるので、次の段階で、八〇億円の所得の増大が生じるということ。換言すれば、「標準在庫量を維持する」ということ）という「特殊な」仮定を置いていたからだと強調しています。(8)

「もし、ある企業が需要増の一部だけを生産増によって対応し、一部を在庫減によって対処するならば、波及は少なくなる。逆に、需要増以上に生産をおこなう企業があるならば、波及は大きくなる。いかなる意味においても、アメリカ・ケインジアンが展開するような乗数の波及はありえず、そのような特殊な仮定の上にのみ乗数理論が成立するというのであるならば、乗数は理論に値しない。

これに反してケインズが意図したものは、人々がどのような行動をとろうとも、人々の行動に関係なく成立する法則であって、人々の特殊な行動仮説の上に立つ法則ではない。」

伊東氏が「アメリカ・ケインジアン」を挙げているのは、「波及論的乗数」理解を提示しているアメリカの著名な経済学者ポール・A・サムエルソン（一九一五―二〇〇九）の教科書を典型例として取り上げているからですが、政策論の観点からより重要なのは、次の指摘だと思われます。「アメリカ・ケインジアンによる波及論的乗数論の展開は、テキスト・ブックによってその種の理解を一般化させ、政府の赤字財政による公共投資が、その乗数倍だけの有効需要を生み、不況対策に大きな効果を生むという幻想をつくりだした[9]」と。

ケインズは、前に触れたように、生涯を通じて、「貨幣理論家」であり、「ケインズ政策

＝赤字財政による公共投資」といった偏った理解は、真のケインズ像を歪めたといってもよいのですが、そのような誤解の源が誤った乗数理解にあるという指摘はきわめて重要です。

†ケインズの投資決定論

「有効需要の原理」のもう一つの柱は、「流動性選好説」と呼ばれるケインズ独自の利子論ですが、その前に、ケインズの投資決定論を簡単に説明しておかなければなりません。

ケインズの投資決定論の骨子は、単純明快です。——すなわち、企業は、投資することから得られると予想される利潤率（ケインズは、これを「資本の限界効率」mと呼びました）と利子率rを比較しながら、両者が等しくなるまで投資をおこなうと。

資本の限界効率の厳密な定義はやや難しいので、ここでは触れませんが[10]、ケインズは、投資量が増えるにつれて、予想収益の系列の低下と投資財生産における限界費用の増大によって、それは次第に低下していくと考えました。

縦軸に利子率と資本の限界効率、横軸に投資量をとった図3では、資本の限界効率表は右下がりに描かれることになるので、利子率がある水準r_1の水準にあれば、投資はI_1までおこなわれることになるでしょう。

ところが、資本の限界効率は「予想」されたものだけに、企業家の期待次第で大きく揺れ動く可能性があります。例えば、バブルの隆盛と崩壊のような、楽観と悲観の誤謬が生じやすいときには、楽観は必要以上の楽観を、悲観は必要以上の悲観をもたらすでしょう。

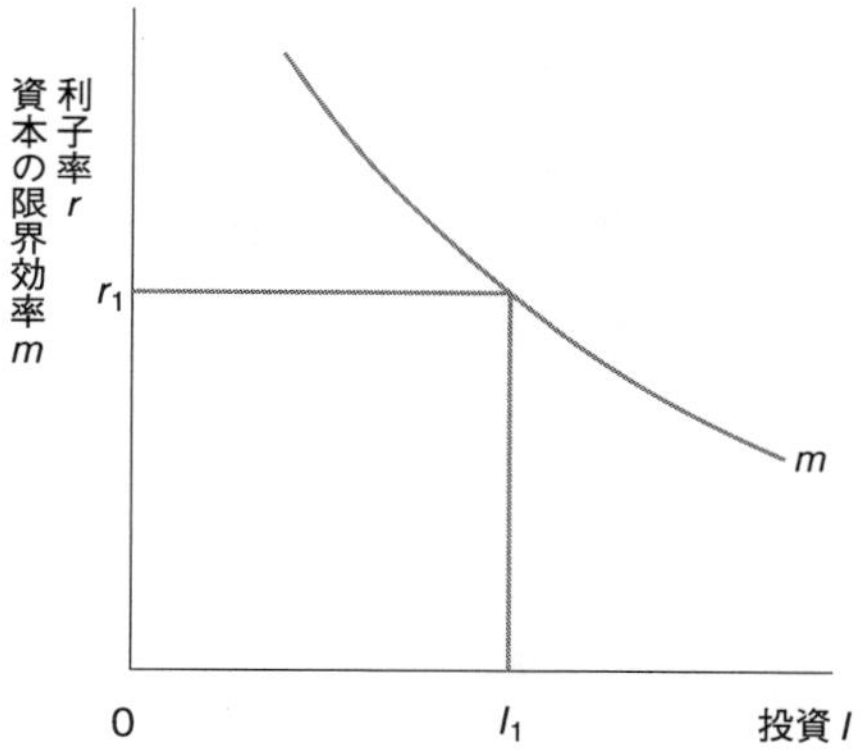

図 3

ケインズは、このような状況を、「投機」（＝「市場の心理を予測する活動」）の「企業」（＝「資産の全存続期間にわたる予想収益を予測する活動」）に対する優位と表現していますが、それは、資本主義体制にとって危険な兆候に違いありません。ケインズも、その危険性を重々承知しているので、次のような警鐘を鳴らしています[11]。

「投機家は、企業の着実な流れに浮かぶ泡沫としてならば、なんの害も与えないであろう。しかし、企業が投機の渦巻のなかの泡沫となると、事態は深刻である。一国の資本発展が賭博場の活動の副産物となった場合には、仕事はうまくいきそうにない。」

†流動性選好説

さて、資本の限界効率が激動しやすい性質をもっていることはわかりましたが、先ほど一定の水準に与えられていた利子率は、どのように決定されるのでしょうか（以下、あわせて「補説5」を参照）。ケインズの利子論は、「流動性選好説」と呼ばれていますが、それは、簡単にいえば、利子率が「流動性」（「交換の容易性」や「安全性」の総称ですが、最も流動性の高いものは「貨幣」なので、以下では、誤解のない限りほぼ同じ意味で用います）に対する需要と供給の関係で決まるという考え方に基礎を置いているからです。

ケインズは、次のように考えました。――人々は所得を受け取ったとき、まず、消費するか貯蓄するかを選択する。「古典派」は、この段階しか考察しなかったので、利子を「貯蓄」に対する報酬のように誤解してしまった。しかし、人々は貯蓄しようと決めた次の段階で、それを「貨幣」の形態でもつのか、それとも「他人に貸し付ける」（「債権」の形態でもつ）のかを選択しなければならない。そして、利子は、人々が貯蓄を「債権」の形態でもつという選択をしたとき、その報酬として支払われるのだと。

「利子率は特定期間流動性を手放すことに対する報酬である」[12]、これがケインズの「流動性選好説」のエッセンスです。人々により多くの流動性を手放してもらう（同じことですが、貨幣に対する需要を少なくする）には、その報酬としての利子率がより高くならなければならないので、縦軸に利子率、横軸に貨幣量を測った図4において、流動性選好曲線は右下がりに描かれるでしょう。他方、ケインズは中央銀行が貨幣供給量を一定の水準に決めることができると考えているので、図4では、垂直の貨幣供給曲線が描かれます。そして、利子率は、流動性選好曲線と貨幣供給曲線の交差する点Eにおいて決まるのです（すなわち、r_eの水準）。

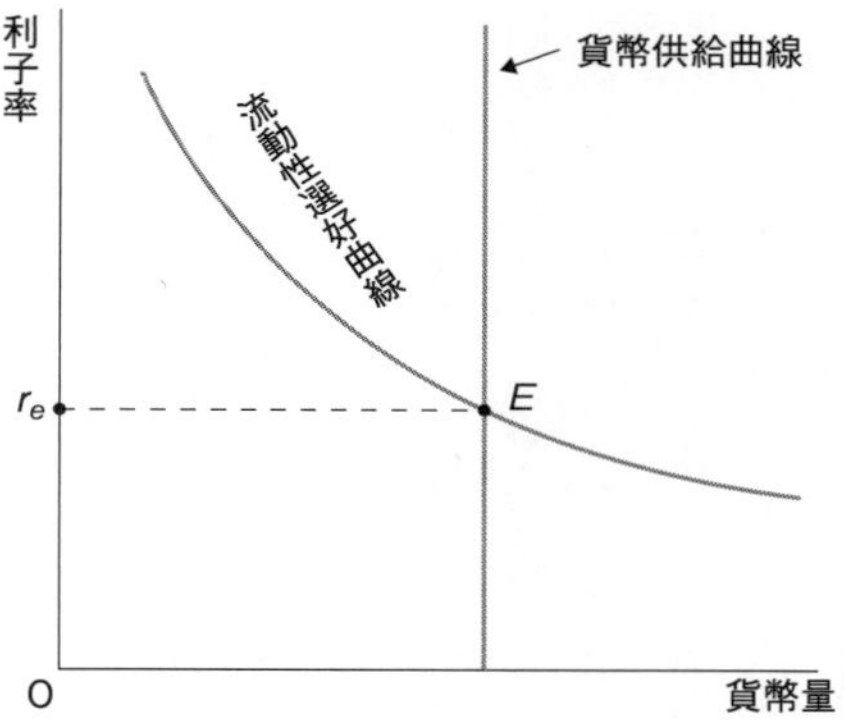

図4

流動性の罠

ところで、最近のような不況期によく「流動性に「流動性の罠」という言葉が使われますが、これはどのようなケースなのかといえば、次のように簡単に答えることができるでしょう。――利子率がきわめて低い水準になると、将来それが下落するよりは上昇する（同じことですが、債権価格が下落する）という予想が市場で大勢を占めるようになるので、人々の貨幣に対する需要がきわめて強くなるようなケースであると。

「流動性の罠」は、図4を使って説明すると、流動性選好曲線があるきわめて低い水準の利子率（ケインズの時代には、二―三％と考えられていましたが）のところで水平になるようなケースですが、このような「流動性の罠」にはまってしまうと、貨幣供給量をいくら増やしても（貨幣供給曲線が右の方向に動いても）利子率が低下しなくなるという意味で、金融政策が効果を発揮しなくなります。ただし、留意すべきは、一九三〇年代の大恐慌を経験したケインズでさえ、そう容易く経済が「流動性の罠」にはまってしまうとは決して考えていなかったことです。ケインズは、次のように言っています。(13)

「……利子率がある水準にまで低下した後では、ほとんどすべての人が、きわめて低い率の利子しか生まない債権を保有するよりも現金の方を選好するという意味において、流動性選好が事実上絶対的となる可能性がある。この場合には、貨幣当局は利子率に対する効果的な支配力を失っているであろう。しかし、この極限的な場合は将来実際に重要になるかもしれないが、現在までのところでは私はその例を知らない。」

「流動性の罠」のようなケースがケインズの想定外のことであったということは、言い換えれば、ケインズが金融政策の有効性を決して否定していないということでもあります。といっても、それは、もちろん、金融政策が万能だという意味ではありません。ケインズ経済学の体系に即して考えてみましょう(14)。

まず、買いオペなどの中央銀行による「貨幣管理」によって貨幣量が増えたとしても、それがどれだけの利子率の低下をもたらすかは、流動性選好の強さに依存しています。流動性選好が強ければ強いほど、利子率は期待したほど低下しないでしょう。

次に、利子率がいくらか低下したとして、それが投資の増大につながるかどうかは、資本の限界効率表に依存しています。これもすでに触れたように、資本の限界効率表は激動しやすいので、たとえ利子率が下がっても、将来に対する悲観が強い場合には、資本の限界効率表の下方シフトによって利子率低下の効果が相殺される場合もあり得ます。

さらに、投資がいくらか増大したとしても、それがどれだけの所得の増大をもたらすかは乗数の値に依存しています。もし消費性向が低下するようなことがあれば、それだけ乗数の値が小さくなるので、期待したほど所得を増大させないかもしれません。

以上のように、貨幣量の増大が所得の増大につながるには、いくつかの段階を経なければならないのですが、とくに、人々の流動性選好が強く、資本の限界効率が悲観的に見積もられるときには、投資が完全雇用をもたらすに足るほどには増大しないということがわかるでしょう。深刻な不況や「非自発的失業」の増大は、このようなときに生じるのです。

†「不確実性」の問題――「投資の社会化」とは何か

ところで、もし投資量が完全雇用をもたらすには十分ではなく、金融政策の効果にも限界があるときはどうすればよいかといえば、その場合は、政府による財政出動（ときに赤字財政を伴った公共投資）も要請されることになるでしょう。しかし、ケインズ自身は、財政規律に関しては、のちの「ケインジアン」（ケインズ経済学を受け継いだ人々）よりも保守的だったことが知られています。(15) ケインズを、累積赤字の規模はお構いなしに景気対策と称して財政出動を叫ぶような人々とは慎重に区別しなければなりません。

ケインズにとってより重要なのは、資本の限界効率の激動によって利子率の操作だけでは制御できなくなった投資量をいかに安定的に確保するかという問題でした。そのためには、「投資の社会化」が必要であることを示唆するような文章も『一般理論』のなかにありますが[16]、実は、それは決して社会主義の経済計画のようなものではなく、投資決定を不安定にしがちな「不確実性」(保険のかけられる「リスク」と違って、「経験的な確率」でさえ求めることができないような世界のことで、ケインズは、あるところで、「私たちは単に知らないのである」と端的にその意味を説明したことがあります)を取り除き、今日では「産業政策」や「産業調整」と呼ばれているような政策を積極的に導入することだったように思われます[17]。ケインズは、『一般理論』を発表するよりもかなり前から、「現代最大の経済悪の多くは、危険と不確実性と無知の所産である[18]」という堅い信念をもっていたのです。

†ケインズの「危機意識」

ケインズは、『一般理論』において「有効需要の原理」を樹立し、経済学史上「革命」と呼ばれるほどの大変革を成し遂げたのですが、彼の理論の「含意」は、みずからも認めているように、「適度に保守的[19]」でした。ケインズ経済学は、一九三〇年代の大恐慌において危機に陥った資本主義体制を「総需要管理」というマイルドな政策で救済することによって、資本主義体制の打倒を叫んでいた「左翼」(社会主義者や共産主義者など)の攻撃をかわしたからです。実際、ケインズは、『一般理論』の最終章のなかで、彼がその本の全体を通じて批判の対象にしてきた「古典派」への「妥協」とも受けとれる文章を書いています。[20]

「一般に受け入れられている古典派経済理論に対するわれわれの批判は、その分析における論理的な欠陥を見出すことではなく、その暗黙の想定がほとんどあるいはまったく満たされていないために、古典派理論は現実世界の経済問題を解決することができないということを指摘することであった。しかし、もしわれわれの中央統制によって、できるかぎり完全雇用に近い状態に対応する総産出量を実現することに成功するなら、古典派理論はその点以後再びその本領を発揮するようになる。もしわれわれが産出量は所与であり、すなわち古典派の思考体系の外部の力によって決定されると仮定するなら、なにが個々に生産されるか、それを生産するために生産要素がどのような割合で結合されるか、そして最終生産物の価値は生産要素の間にどのように分配されるかといった問題が、個人の利己心を通じて決定される仕方についての古典派の分析に対しては、異議を唱えるべきことはない。また、もしわれわれが倹約の問題を違った仕方で処理しておくなら、完全競争および不完全競争のそれぞれの状態における個人の利益と公共の利益との間の一致・不一致に関する現代古典派理論に対しても、異議を唱えるべきことはない。したがって、消費性向と投資誘因との間の調整を図るための中央統制の必要を別とすれば、経済社会を社会化すべき理由はこれまで以上には存在しないのである。」

ケインズは、「経済諸力の自由な作用」を必要なら「総需要管理」によって抑制すべきだとは考えていましたが、それを否定する考えは毛頭ありませんでした。もちろん、ケインズは、「総需要管理」によって政府機能が拡張することを恐れる人たち（十九世紀以来の個人主義を信奉し続けている評論家や銀行家など）がいまだにいることは重々承知していましたが、自分が提案する「総需要管理」によって雇用問題を解決しなければ、「経済諸力の自由な作用」に重きを置く「個人主義」（「自由主義」と言い換えてもよいと思いますが）の伝統的な価値そのものが崩壊してしまう可能性があるという危惧を抱いていました。それゆえ、「個人主義」や「自由主義」の欠陥を矯正することによって、それが全面的に崩壊することを回避する道を選択したのです。よく引用される次の言葉のなかには、ケインズのそのような「危機意識」を読みとることができるのではないでしょうか。[21]

「今日の独裁主義的な国家組織は、効率と自由を犠牲にして失業問題を解決しようとしているように見える。短い好況の時期を除けば、今日の資本主義的個人主義と結びついている――私の考えでは、その結びつきは不可避的である――失業に、世界が遠からず我慢できなくなることはたしかである。しかし、効率と自由を保持しながら病弊を治療することは、問題の正しい分析によって可能となるであろう。」

注

(1) ヴィクセルの理論の影響をどれほど重視するかは見解が分かれますが、ここでは、それを重視する平井俊顕『ケインズ研究』(東京大学出版会、一九八七年)と、マーシャルの影響を重視する伊藤宣広『現代経済学の誕生――ケンブリッジ学派の系譜』(中公新書、二〇〇六年)を比較しながら読んでみることを推奨します。

(2) ヴィクセル理論の理解については、菱山泉『スラッファ経済学の現代的評価』(京都大学学術出版会、一九九三年)から多くを学びました(とくに、三二ページ参照)。マーチャーシュ・アンタル『近代経済学の歴史(上)』関恒義監訳(大月書店、一九八四年)のヴィクセル理論の解説も優れています(第七部第三章)。

(3) K・ヴィクセル『利子と物価』北野熊喜男・服部新一訳/北野熊喜男改訳(日本経済評論社、一九八四年)一四六—一四七ページ。( )内は引用者が補足。

(4) J・M・ケインズ『貨幣論(第一巻)』小泉明・長澤惟恭訳(東洋経済新報社、一九七九年)一九一ページ。( )内は引用者が補足。

(5) Cf., Roger Backhouse, *A History of Modern Economic Analysis*, 1985, p.190.

(6) J・M・ケインズ『雇用・利子および貨幣の一般理論』塩野谷祐一訳(東洋経済新報社、一九八三年)xxvii ページ。

(7) 例えば、伊東光晴『ケインズ』(岩波新書、一九六二年)二〇一—二〇七ページ参照。

(8) 伊東光晴『現代に生きるケインズ』(岩波新書、二〇〇六年)一三三ページ。

(9) 前同、一三五ページ。

(10) J・M・ケインズ『雇用・利子および貨幣の一般理論』前掲、第十一章を参照のこと。

(11) 前同、一五七ページ。

(12) 前同、一六五ページ。より厳密な流動性選好説の定式化については、『一般理論』第十五章や、拙著『経済学の歴史』（講談社学術文庫、二〇〇五年）第九章などを参照のこと。

（13）J・M・ケインズ『雇用・利子および貨幣の一般理論』、前掲、二〇四ページ。

（14）ケインズ体系の解釈としては、*IS*／*LM*図表が有名ですが、本書ではやや難解になるので割愛することにします。関心のある読者は、拙著『現代経済学講義』（筑摩書房、一九九四年）第一章および第五章を参照のこと。

（15）美濃口武雄「ケインズの経済政策」（『一橋論叢』第一二五巻第六号、二〇〇一年六月）参照。

（16）J・M・ケインズ『雇用・利子および貨幣の一般理論』、前掲、一六二ページ。

（17）Cf., Nicholas Kaldor, *Further Essays on Economic Theory and Policy*, 1989, p.72.

（18）J・M・ケインズ『説得論集』宮崎義一訳（東洋経済新報社、一九八一年）三四九ページ。引用は「自由放任の終焉」（一九二六年）から。

（19）J・M・ケインズ『雇用・利子および貨幣の一般理論』、前掲、三八〇ページ。

（20）前同、三八一ページ。

（21）前同、三八三―三八四ページ。

【コラム5】二つの貨幣数量説

貨幣数量説とは、簡単にいえば、貨幣供給量の増大が、短期的には雇用量や産出量を拡大させる効果があったとしても、長期的には物価水準を上昇させるという理論のことを指しますが、これには二つのヴァージョンが存在します。

第一は、アーヴィング・フィッシャー（一八六七―一九四七）というアメリカの経済学者が提示した交換方程式 $MV = PY$ です（第二のヴァージョンと比較するため記号の一部を書き換えています）。

貨幣Mは、一度誰かに使われて終わりというわけではなく、ふつう、一定期間（例えば、一年間）に何度も持ち主の手のあいだを転々とします。貨幣が取引のために年間に用いられた平均回数を「貨幣の流通速度」Vと呼びますが、MVは年間にその経済の生産物に支出された総額を意味するでしょう。これは、その生産物Yに物価水準Pをかけたものに恒等的に等しいはずです（$MV \equiv PY$）。しかし、これは恒等式ではあっても、まだ理論とは呼べません。

フィッシャーは、ここで、二つの仮定（YはMがどれだけの量になっても長期においては影響を受けないということ、およびVは、一時的に変動することがあったとしても、結局は一定であること）を置きます。

先の恒等式において、YとVが一定であるとすれば、MとPは比例関係にあることがわかりますが、貨幣数量説は、Mの増加がPを上昇させるという方向の因果関係を強調します。フィッシャーの交換方程式$MV=PY$は、このように、貨幣が取引に使われるという側面に注目しているのがわかるでしょう。

第二は、アルフレッド・マーシャル（一八四二－一九二四）が提示した現金残高方程式$M=kPY$です。kは「人々が貨幣所得のうち現金残高として保有したいと思う割合」のことで、形式的にはフィッシャーのVの逆数（1／V）に等しくなります。

PYは貨幣所得を意味していますが、それにkをかけたものは、人々が現金残高として保有したいと思う量（貨幣需要量）を表わしています。他方、Mは貨幣供給量なので、$M \equiv kPY$は、貨幣に対する需要と供給が恒等的に等しいという意味に過ぎません。しかし、ここでも、二つの仮定（Yは長期的には一定、kも事実上一定）が置かれるので、MとPの比例関係が導かれます。もちろん、ここでも、Mの増加がPの上昇をもたらすという方向の因果関係が強調されます。

マーシャルの現金残高方程式 $M = kPY$ では、貨幣価値（ふつう物価水準の逆数として捉えます）は、長期的には、貨幣に対する需要と供給が等しくなるところで決まるのです。

二つの貨幣数量説は、結論は同じなのですが、フィッシャーが貨幣の取引仲介の役に注目しているのに対して、マーシャルは現金残高が保有される側面（もっと正確にいえば、現金残高が他の資産との比較考量の上で保有される側面）に注目しているという重要な違いがあります。マーシャルは、ケインズの師匠筋に当たりますが、ケンブリッジにおいて、のちに貨幣需要理論が発展していく源がここにあることがわかるでしょう。

【コラム6】「自由放任の終焉」をめぐって

ケインズは、『一般理論』の発表よりも十年前、「自由放任の終焉」と題するパンフレットを出しました。それほど長い文章ではないのですが、現在、それを精読する読者が少なくなったせいか、多くの誤解を生むようになりました。最大の誤解の一つは、ケインズが、このパンフレットなかで、初めて「自由放任の終焉」を宣言した（換言すれば、いわゆる「自由放任主義」と決別した）というものです。

ケインズが自由放任主義を放棄したことは、もはや繰り返す必要もないでしょうが、ケインズをはぐくんだ「ケンブリッジ学派」（マーシャルが創設し、A・C・ピグー、D・H・ロバートソンなどに受け継がれた研究集団）が自由放任主義を奉じていたかといえば、それは事実ではありません。

マーシャルは、もちろん、「自由企業体制」の支持者でしたが、有名な「外部不経済論」（特定の企業や産業の活動が外部の環境にマイナスの影響を及ぼすことを「外部不経済」と呼びます）において、今日「環境問題」と呼ばれているものが生じる可能性を指摘しました。その問題意識を受け継いだ弟子のピグーは、外部不経済によって社会的利益と私的利益の不調和が生じるときには、適切な政府干渉（課税や補助金など）によって資源配分の歪みを是正すべきことを主張しました。ピグーの主著『厚生経済学』（一九二〇年）は、この分野における彼の思索の成果を体系化した名著として知られています。

ケンブリッジ学派の中枢のなかにいたケインズが、師匠のマーシャルや先輩のピグーの業績を知らなかったはずはありません。その証拠に、「自由放任の終焉」のどこを読んでも彼らが自由放任主義者だったとは書いてありませんし、それどころか、次のような文章さえ出てくるのです。「一例をあげれば、アルフレッド・マーシャルのもっとも重要な著作の一部は、私的利益と社会的利益とが必ずしも調和していないような幾つかの事例の解明に向けられていた」と（「自由放任の終焉」、『説得論集』宮崎義一訳、東洋経済新報社、一九八一年所収、三三七ページ）。

このような誤解が生じるのは、少なからぬ人々が「自由主義」と「自由放任主義」を混同しているからだと思われます。経済学の古典に通じている人ならば、アダム・スミスからJ・S・ミルに至るイギリスの「古典派」経済学者たちが決して「自由放任主義者」ではなかったことを知っているでしょう。

スミスは、たしかに「独占精神」に反対し、自由競争を主張しましたが、彼が説いた自由競争は、自分の利益になるなら何でもしてもよいというような、あまりに利己的なものではありませんでした。スミスは『国富論』（一七七六年）の著者であると同時に『道徳感情論』（一七五九年）の著者でもありましたが、後者において、スミスは、個人の利己的な行動は、「公平な観察者」の「同感」が得られなければ、社会的に正当であるとは判断されないので、個人は「公平な観察者」の「同感」が得られる程度にまで自己の行動や感情を抑制せざるを得ないという見解を表明していました。このような見解は、『国富論』にも受け継がれていくので、「自由競争」を「自由放任主義」と混同することは、スミス解釈としては全くの誤解であるといっても過言ではありません。

スミスからJ・S・ミルを経てマーシャルやケインズの時代になるまでには、政府が責任を負うべき分野が確実に増えていったのですが、それでも、マーシャルやケインズは、「自由主義」を放棄したのではなく、ただ政府の活動すべき分野と私的企業が活躍すべき分野を慎重に区別し、「自由主義」を時代の要請に応えて修正したに過ぎないのです。ケインズは、あるところで、次のように言っています。「経済的無政府状態から、社会的公正と社会的安定のために経済力を制御し指導することを計画的に目指すような体制への移行は、技術的にも政治的にも、はかり知れない困難を伴うことであろう。それにもかかわらず、新自由主義（New Liberalism）の真の使命は、それらの困難の解決にたち向かうことにあると、私は主張したい」と（「私は自由党員か」、『説得論集』所収、前掲、三六八ページ）。

皮肉なことに、「新自由主義」という言葉は、のちに、十九世紀の古典的自由主義への回帰を説くF・A・ハイエク（一八九九―一九九二）やM・フリードマン（一九一二―二〇〇六）などの経済思想を指して使われることが多くなるのですが、ケインズの「新自由主義」には、新しい時代の要請に応えて古典的自由主義を修正することも厭《いと》わない積極的な意味が込められていました。もちろん、ハイエクなら、『隷従への道』(一九四四年)で説いたように、古典的自由主義からの逸脱が、結局、個人の自由を否定する全体主義につながるのだと反論するでしょうが、二人のあいだの書簡のやりとりをみると、ハイエクは、新しい時代の問題に応えるために、必要なら政府機能の拡張を主張するケインズの意図を最後まで測りかねていたように思われます。

第四章 多様なケインジアン

†ケインズ経済学を「長期化」する

ケインズ経済学は、「革命」と呼ばれたように、経済学界の内部に大きな論争（ケインズを支持する人たちと支持しない人たちとの対立）を巻き起こしましたが、『一般理論』のエッセンスが四五度線やIS／LM分析（財市場の均衡を表わすIS曲線と、貨幣市場の均衡を表わすLM曲線の交点において、国民所得と利子率が同時に決まるという分析装置のこと。「補説5」を参照）などを通じて教科書にも採り入れられるようになると、事実上その混乱は収まり、経済学者の関心は次の問題に移っていきました。それは、『一般理論』における「短期の想定」（人口・資本設備・技術が所与であること）を外して、ケインズ経済学を「長期化」するという問題です（「ケインズ理論の長期化・動学化」の意義については、あわせて「補説6」を参照）。ケインズ経済学を受け継ぐ人たちは、「ケインジアン」と呼ばれましたが、多くのケインジアンたちがこの問題に取り組みました。

この問題を考えるときのヒントは、「投資の二重効果」と呼ばれる性質にありました。すなわち、投資は、短期的には有効需要の一構成要素だけれども、長期的には生産力を増大させる効果をもつということです。

いま、完全雇用の状態で、国民所得Yと潜在的生産能力Pが等しい場合（$Y=P$）から出発することにしましょう。投資の増大が乗数効果を通じて所得の増大をもたらすことは、第三章で学びました。$\Delta Y=\frac{1}{1-c}\Delta I$というすでにお馴染みの式において、$c$は「限界消費性向」を表わしますが、$1-c=s$（限界貯蓄性向）なので、$\Delta Y=\frac{1}{s}\Delta I$と書き換えても同じです。

ところが、投資は、それに「投資の潜在的・社会的平均生産性」σをかけた分だけ潜在的生産能力を増大させます（$\Delta P=\sigma I$）。それゆえ、投資が所得を増大させる側面と潜在的生産能力を増大させる面が釣り合うには、$\Delta Y=\Delta P$でなければならないので、$\frac{\Delta I}{I}=s\sigma$となります。つまり、投資の増加率が$s\sigma$に等しければバランスがとれることになるのです。これはごく簡単なモデルですが、E・D・ドーマー（一九一四—九七）というアメリカで活躍した経済学者が考えたことのエッセンスを表現しています。

しかし、ケインズの『一般理論』の発表直後から、いち早くその問題に取り組んだのは、ロイ・F・ハロッド（一九〇〇—七八）というイギリスの経済学者（オックスフォード出身ですが、ケンブリッジで直にケインズにも学んだことがありました）なので、まずは、彼の仕事のあらましを紹介することにしましょう。

†ハロッドの三つの基本方程式

ハロッドの仕事は、最初は、『エコノミック・ジャーナル』誌（一九三九年三月号）に、「動学理論に関する一試論」と題して発表されました。彼は、のちに、この論文を拡充して、『動態経済学序説』（一九四八年）を書いていますが、そのエッセンスはすべて一九三九年の論文のなかに含まれていると言ってもよいと思います。

ハロッドは、以下に説明していくように、成長に関する三つの基本方程式を提示します。

第一の基本方程式　意図された貯蓄量Sは、所得水準Yと貯蓄性向sによって決まりますが（$S = sY$）、他方で、ΔYだけの産出量の増大を支えるために必要な資本量の増大ΔK（＝投資I）を「必要資本係数」C_rと呼ぶと（$C_r = \frac{I}{\Delta Y}$）、ΔYだけの産出量の増大のために必要な投資は、$I = C_r\Delta Y$となります。新資本財に対する需要と供給の均衡条件は$I = S$なので、

$$C_r\Delta Y = sY$$

$$\frac{\Delta Y}{Y}C_r = s$$

となります。この場合の$\frac{\Delta Y}{Y}$は、産出量の需給が一致し、企業家にとって投資量が適切な水準にあるので、「保証成長率」G_wと呼びます。第一の基本方程式は、この保証成長率に関するものです。

$$G_w C_r = s \qquad (1)$$

第二の基本方程式　しかし、現実には、保証成長率がいつも実現されるとは限りません。いま、現実の産出量の増大$\Delta Y'$に対する現実の投資量の比$\frac{I}{\Delta Y'}$を「現実資本係数」Cと定義すると、$I = C\Delta Y'$となりますが、事後的には、貯蓄と投資は必ず等しいので、

$$C\Delta Y' = sY$$

$$\frac{\Delta Y'}{Y}C = s$$

となります。この$\frac{\Delta Y}{Y}$は、「現実成長率」Gと呼ばれています。第二の基本方程式は、この現実成長率に関するものです。

$$GC = s \qquad (2)$$

第三の基本方程式　これは、人口の増加と技術進歩率によって可能となる産出量の増加率、すなわち、「自然成長率」G_nに関するものです。自然成長率は、実現可能な最大の成長率であるとも、完全雇用を実現する成長率であるともいえますが、このような成長率を支えるために必要な投資は必ずしも意図された貯蓄に等しいとは限らないので、次のような表現をとります。

$$G_n C_r = or \neq s \qquad (3)$$

この三つの基本方程式が、ハロッドの「経済動学」の核心を貫いています。彼は、第一方程式と第二方程式の関係から、「動学的均衡」の不安定性を引き出し、第一方程式と第三方程式の関係から、経済の長期的な背景を説明していきます。

†ハロッドの「経済動学」

まず、第一の問題を取り上げます。いま、現実成長率が保証成長率よりも大であるとしましょう（$G>G_w$）。このケースでは、(1)式と(2)式から、$C<C_r$ であることがわかりますが、これは、簡単にいえば、現実にΔYだけの産出量の増大が生じたとき、その生産に必要な資本量の増大が現実の資本量の増大よりも大であること（資本ストックの不足）を意味しています。それゆえ、企業家は、資本ストックの不足を解消するためにさらに投資を増大させるので、現実成長率はもっと大となって、GはG_wよりもいっそう上方に乖離していくでしょう。

逆に、現実成長率が保証成長率よりも小であるケース（$G<G_w$）では、$C>C_r$ となりますが、これは資本ストックの過剰を意味しているので、企業家は投資を減少させようとするでしょう。その結果、現実成長率はもっと小さくなって、GはG_wよりいっそう下方に乖離していくでしょう。

ということは、ハロッドの「動学的均衡」は、ふつうの静学的均衡とは違って、いったんそこから乖離すると、ますます乖離が広がっていくという不安定性をもっていることになります。ハロッドは、これを「不安定性原理」と呼びました。彼は自信をもって断言しています。「私には、制御や干渉のない自由放任資本主義における『保証』均衡成長率が不安定であるという理論の基礎は、確固たるものであるという自信がある。そしてそれが景気循環の基本的な説明であると堅く信じている[1]」と。

次に、第二の問題に移りましょう。ここでは、自然成長率と保証成長率の関係から、景気循環の生じる経済の長期的な背景が引き出されます。

一般に人口増加が急速な時代では、$G_n > G_w$ となりやすいのですが、G は長期的には G_n に制約されるので、$G > G_w$ となる可能性が高く、好況が比較的長く続くでしょう。

逆に、人口増加が緩慢な時代では、一般に $G_n < G_w$ となりやすいので、長期的には $G < G_w$ となる可能性が高く、経済は長期停滞に陥るでしょう。

ハロッドは、このように、G_n や G_w の個別的な値ではなく、G_w からの乖離につねに関心をもっています。そうすることによって、ケインズ理論における「貯蓄」についての考え方（貯蓄は総需要が過剰でインフレのときは「善」だけれども、不況時に貯蓄を増やそうとしてもかえって不況を悪化させるという意味で「悪」となるということ）を動学理論のなかに移し替えることもできるのです。例えば、$G_n > G_w$ のケースでは、貯蓄が増えれば、G_wが大となるので、$G_n = G_w$ の方向へ向かうという意味で「善」となりますが、逆に、$G_n < G_w$ のケースでは、貯蓄の増大はさらにG_wを大とするので「悪」となります。この意味では、彼はケインズ経済学の思考法をみずからの「経済動学」に活かした数少ないケインジアンの一人と言ってもよいでしょう。

†ソローの「新古典派成長理論」

経済動学への扉は、かくして、ハロッドによって開かれましたが、のちに、ハロッド理論とは対照的に、均衡成長経路が動学的に安定的であると主張する理論が登場しました。ロバート・M・ソロー（一九二四―）に代表される「新古典派成長理論」がそれです。ソローは、ハロッド理論では不変と仮定されていた資本係数の可変性に注目したモデルを提示しました。[2] ソローの数式を長々と紹介するのは新書向きではないので控えますが、重要な仮定の一つに「賃金率や利子率の伸縮性」という全く新古典派的なアイデアが置かれていることを見逃してはなりません。

例えば、$G_w < G_n$ というケースでは、資本の増加率よりも労働人口の増加率のほうが高

いと考えられますが、そのときは、賃金率が利子率と比較して下落するので、資本から労働への生産要素の代替が生じるでしょう（資本係数の低下）。貯蓄率 s が一定ならば、資本係数の低下は $G_w(=\frac{s}{C_r})$ を増大させるので、$G_w = G_n$ へと向かう傾向が生まれます。

逆に、$G_w > G_n$ というケースでは、労働人口の増加率よりも資本の増加率のほうが高いと考えられるので、利子率が賃金率と比較して低下し、労働から資本への生産要素の代替が生じるでしょう（資本係数の上昇）。貯蓄率 s が一定ならば、資本係数の上昇は G_w を低下させるので、やはり $G_w = G_n$ へと向かう傾向が生まれます。

ソローは、のちに触れるように、「新古典派総合」（ケインズ経済学と新古典派経済学の「折衷」ともいえますが）を掲げたポール・A・サムエルソンときわめて近い立場にあったのですが、成長モデルに関する限り、新古典派の思考法が勝っているように思われます。

†カルドアによるハロッド理論への批判

ハロッド理論は、意外なことに、同じイギリスのケインジアンであるニコラス・カルドア（一九〇八―八六）からも批判されました。「ケインジアン」の多様性については、のちに触れるつもりですが、ここでは、カルドアの批判が貯蓄率 s の可変性に注目していることを簡単に説明しておきましょう[3]。

カルドアは、貯蓄Sを、利潤所得Pからの貯蓄（＝s_pP，s_pは利潤所得からの貯蓄性向）と、賃金所得Wからの貯蓄（＝s_wW，s_wは賃金所得からの貯蓄性向）から構成されるものと考えましたが、$S=s_pP+s_wW$に$W=Y-P$を代入して整理すると、次のような式が得られます。

$$s=\frac{S}{Y}=(s_p-s_w)\frac{P}{Y}+s_w \qquad (4)$$

カルドアは、(4)式を利用して、G_nとG_wの乖離を考察します。$G_n<G_w$というケースは、労働人口の増加率が資本の増加率よりも小さいので、賃金率が相対的に上昇し、労働所得の分配率W/Yが上昇するので（同じことですが、利潤所得の分配率P/Yが低下するので）、(4)式によって、$s_p>s_w$である限り（カルドアは、これを仮定しています）、貯蓄率sを低下させるでしょう。それゆえ、$G_w(=\frac{s}{C_r})$が低下し、$G_n=G_w$のほうへと向かう傾向が生まれます。

逆に、$G_n>G_w$というケースは、労働人口の増加率が資本の増加率よりも大きいので、賃金率が相対的に下落し、利潤所得の分配率P/Yを上昇させるでしょう。(4)式によって、$s_p>s_w$である限り、貯蓄率sが増大するので、$G_w(=\frac{s}{C_r})$が上昇し、$G_n=G_w$のほうへと向かう傾向が生まれるでしょう。

カルドアは、このように、貯蓄率の可変性に注目してハロッド理論とは違う結論を引き出したのです。「『保証』成長率と『自然』成長率は、お互いに独立ではない。すなわち、もし利潤マージンが伸縮的であれば、前者はP/Yの変化を通じて結果的に後者にみずからを適応させるだろう[4]」と。

†「新古典派総合」の黄金時代

さて、「ケインジアン」という言葉は、当初、「ケインズ経済学を受け継ぐ人々」というくらいの意味だったのですが、ケインズ経済学も、現在では、いろいろな方向に発展してきているので、ここで言葉の整理をしておいたほうがよいでしょう。

イギリスは、アダム・スミスからケインズの時代まで経済学の最先進国だったのですが、ケインズの死以後は、イギリスからアメリカへと覇権国が交替したのと同様に、アメリカの経済学が世界をリードするようになりました。そのアメリカの地で、第二次世界大戦後からまもなくして「主流派」の地位を占めたのは、サムエルソンが唱えた「新古典派総合」と呼ばれる経済学でした。

「新古典派総合」は、第三章の終わりのところで触れたようなケインズ理論の「適度に保守的」な面を受け継いでいます。――すなわち、ケインズ経済学の教えに従って総需要を管理し、できるだけ完全雇用に近い状態を実現する。しかし、いったん完全雇用が実現したら、あとは市場メカニズムを基本的に信頼した新古典派経済学が復活すると。この意味では、「総合」というよりは、ケインズと新古典派を「妥協」または「折衷」した経済学なのですが、サムエルソンの学界における影響力もあって、彼の代表的な教科書『経済学――入門的分析』(第一版は一九四八年の出版ですが、その後、数年の間隔で改訂されていきました)を通じて、全世界に普及していきました。

「新古典派総合」という言葉は、すでに第三版(一九五五年)に登場しますが、その全盛期は六〇年代の前半、そして、第八版(一九七〇年)でその言葉は消えますが、しかし、少なくとも、一九七〇年代の前半頃までは「主流派」であったといってもよいと思います。サムエルソンの仕事には、ケインズと新古典派の二つの影響が混在している(というよりも、現実問題を論じるときには「ケインジアン」の面が強く、理論問題を論じるときには「新古典派」の面が強く出ると言えましょうか）のですが、ある経済学者は、彼を典型的な「新古典派総合ケインジアン」と見なしています。(5) ただし、この用語法は、残念ながら、それほど普及しているわけではありません。そこで、私たちは、ある段階までのアメリカのケインジアンたちは、大半が「新古典派総合」の立場に近かったと理解しておけばよいのではないでしょうか。

「新古典派総合」の最盛期は、前に触れたように、一九六〇年代前半といってよいのですが、この時期のアメリカでは、若々しいケネディ大統領が暗殺されるまで権力の座にありました。ケネディ大統領自身がどれほど経済学を理解していたかについては疑問もあるのですが、彼は、経済諮問委員会に結集した「新古典派総合」の立場に立つ経済学者たち（委員長はウォルター・W・ヘラーという地味な経済学者でしたが、ジェームズ・トービンをはじめとする優秀なケインジアンたちがヘラーを支えました）の勧告に熱心に耳を傾け、経済運営をおこないました。

その時期のアメリカ経済のパフォーマンスは、いろいろな指標（経済成長率・失業率・インフレ率など）でみると、のちにベトナム戦争の泥沼に陥ってしまったジョンソン大統領の時代よりは遥《はる》かに良好だったと評価してもよいでしょう。この時代が、理論と実践における「新古典派総合」の黄金時代だったと言われるゆえんです。

†ポスト・ケインジアン――「不確実性」をめぐって

ところが、「新古典派総合」が「妥協」または「折衷」の産物だっただけに、ケインズ経済学にもっとコミットしていた経済学者たちは、「総合」のなかから新古典派の要素を放棄し、ケインズ本来の思考法を発展させたケインジアンたろうとしました。彼らは、「ポスト・ケインジアン」と呼ばれていますが、そのなかには、ケインズの弟子筋（ジョーン・ロビンソン、ニコラス・カルドア、リチャード・カーンなど）ばかりでなく、少数ながらアメリカにも支持者がおりました（ポール・デヴィドソンやH・ミンスキーなど）。ただし、「ポスト・ケインジアン」は、反「新古典派総合」という点では共通していますが、新古典派を放棄したあと、どのようなミクロ理論を構築するのか、ミクロとマクロの関連をどのように考えるのかなどの重要な問題に対して一致した立場をとっているわけではありません。

ケインズの弟子筋のなかで、ジョーン・ロビンソン（一九〇三―八三）やカルドアのように、「左派」的な傾向をもつようになった人たちを「左派ケインジアン」と呼ぶこともありますが（J・ロビンソンなどは、みずからそう名乗っていましたが）、彼らも「ポスト・ケインジアン」と呼ばれることにはさほど抵抗はなかったと思います。「ポスト・ケインジアン」たちに一貫した立場がない以上、「ポスト・ケインズ派経済学」にも「体系性」が欠落しているのは当然ですが、それでも、ケインズ本来の思考法のなかから、とくに「不確実性」の含意を掘り下げ、それを「貨幣的経済理論」の構築に活かそうという見解は、大半の「ポスト・ケインジアン」たちに好意的に受けとめられているように思われます。

「不確実性」とは何かという問には、都合のよいことに、ケインズみずからが「雇用の一般理論」（一九三七年）と題する論文のなかで説明してくれています。(6)

「説明させていただくと、『不確実な』知識によって、私は、確実に知られていることを蓋然的に過ぎないことから区別しようと単に意図しているのではない。ルーレットのゲームは、この意味では、不確実性の支配を受けていない。また戦時債券が償還される見込みもそうである。あるいは、また、平均余命はごくわずかに不確実であるに過ぎない。天候でさえ、ごく軽度に不確実であるに過ぎない。私がその言葉を使用している意味は、ヨーロッパ戦争の見込みとか、二十年後の銅の価格や利子率とか、新しい発明の陳腐化とか、一九七〇年の社会体制における私的財産所有者の地位といったものが不確実であるということである。これらの事柄については、計算可能な確率を形成するに当たっての科学的基礎は何も存在しない。私たちは単に知らないのである。それにもかかわらず、行動と決定の必要性は、実践的な人間としての私たちにこの厄介な事実を無視するように全力を尽くすことを強いるのである。……

私は、古典派経済理論を、それ自体が未来について私たちはきわめて僅かしか知らないという事実を捨象することによって現在を取り扱おうとする優美にして上品なテクニックの一つであるがゆえに非難するのである。」

将来がケインズの意味で「不確実」であるからこそ、「流動性」を保有する意味があるという認識は、「ポスト・ケインジアン」のほとんどにあると思われますが、アメリカの代表的な「ポスト・ケインジアン」であるポール・デヴィドソン（一九三〇―）は、現代経済では「貨幣で表示された先物契約」を目安に生産が編成されるという事実に注目すべきだと主張します。(7)

先物契約が必要になるのは、生産には時間がかかるので、必要な生産要素や原材料などを先物契約によってまず調達しておかなければならないからです。企業家はそのために十分な「流動性」を手元に置いておく必要がありますが、このような視点が、「生産活動を組織するために貨幣表示の先物契約が結ばれる世界で初めて貨幣が意味をもつ[8]」というデヴィドソンの貨幣観につながっていきます。デヴィドソンは、興味深いことを言っています[9]。

「ポスト・ケインジアンは、経営者は、不確実性の世界においては、『人間である以上、失敗することはやむをえない』ということを知っており、それゆえ、企業家は、販売や利潤の予想が、短期や長期のどちらにおいても間違うかもしれないということを認識しているのだと主張する。人間の性格が、チャンスを摑まず、非行動よりも行動を急き立てる『血気』をもたず、『前進突撃!』の傾向をもたないとすれば、企業家行動は、即座に枯渇してしまうだろう。企業家の勇気は、成功し、かつ、繁栄する経済における基本的な性格である。……

しかし、愚かな者だけが、失敗を防ぐための何らかの戦略も携えずに、未知の将来に向かって勇敢に挑戦するのである。賢く、成功をおさめるような企業家は、愚か者ではない。彼らが挑戦を試みるのは、日付と譲渡と貨幣支払（および債務）が事前に固定されており、労働者や下請け事業者との間で長期の先物契約をする場合だけである。企業家が、この先物契約の責務を果たすために、十分な流動性を保持していると考えるならば、彼らは、自己の企業家精神は、最終生産物が生産され、販売が可能になる以前に沈没することはありえないということを知ることができるので、『前進突撃！』型の安全の哲学を採用することができるのである。」

†マクロ経済学のミクロ的基礎——ルーカスの勝利

ところが、「新古典派総合」が瓦解《がかい》したあとに経済学界の覇権を握ったのは、現実主義を重視する「ポスト・ケインジアン」ではなく、「新古典派総合」のもう一方の構成要素であった新古典派経済学の現代版（一時「新しい古典派」と呼ばれましたが、「新古典派」といっても誤解を招くことは少ないので、そう呼ぶことにします。代表的な名前を一人だけ挙げるとすれば、シカゴ大学のロバート・ルーカス〔一九三七—〕でしょう）のほうだったことを知っておく必要があります。

ルーカスは、ミルトン・フリードマン（一九一二―二〇〇六）の「マネタリズム」（貨幣数量説の現代版ですが、基本的な考え方は、古い貨幣数量説と同様に、貨幣供給量の増大が、短期的には、雇用量や産出量を拡大させるものの、長期的には、物価上昇につながるのみだというものです。それゆえ、フリードマンは、インフレを抑えるには、貨幣供給量を一定率で増加させるという政策提言をおこないました）のあと、一時「合理的期待形成仮説」（経済主体が、政府の政策を合理的に予測してしまえば、その政策の効果は無効になるというアイデア）で世間の耳目を集めましたが、より重要なのは、マクロ経済学をミクロの経済主体の最適化行動によって基礎づける方法論（「マクロ経済学のミクロ的基礎」を徹底的に追究すること。「補説7」を参照）を確立し、以前のケインジアンのマクロ経済学を学界の中枢から追放したことでしょう。

†「新しい」ケインジアン？――マンキューの理論

ルーカス以降、ミクロ的基礎のないマクロ経済学は、学界では相手にされなくなったので、「ケインジアン」を称する経済学者のなかからも「新しい」ミクロ的基礎によってケインジアンのマクロ経済学を再生させなければならないという動きが生じました。彼らを代表する一人であるN・グレゴリー・マンキュー（一九五八―）の言動を追っていくと、自分たちがルーカスの「革新」を基本的に承認しながら、どのようなケースでケインジアン的な状況が生じるかを新たなミクロ的基礎によって解明するという仕事を十分に意識していたことがわかります。それゆえ、ミクロ的基礎のある自分たちは「ニュー・ケインジアン」、それのない四五度線やIS/LM分析などのマクロ経済学は「オールド・ケインジアン」の仕事であると明確に区別するのです。[10]

例えば、マンキューを有名にした概念に「メニュー・コスト」（新しいメニューと価格のリストを作るのにかかる費用のこと）がありますが、なるほど企業が需給状況に応じてあまりに頻繁に価格を改定すると「メニュー・コスト」がかさむので、「価格硬直性」（「オールド・ケインジアン」はこれを仮定しただけでした）にも経済合理性があることがわかります。

小さな「メニュー・コスト」は取るに足らないと思われるかもしれませんが、「総需要外部性」（ある企業の価格調整が他のすべての企業の生産物に対する需要に及ぼすマクロ経済的効果のこと）があるとすれば、そうとも限りません。しかし、企業が価格を決めるときは外部性を考慮しないので、例えば価格引き下げが社会的に望ましいにもかかわらず、「メニュー・コスト」があるために価格引き下げはおこなわれないでしょう。つまり、マンキューによれば、「価格硬直性」は、経済全体にとっては望ましくないはずなのに、その価格を決定する企業にとっては経済合理的だというのです。[11]

あるいは、また、「賃金の硬直性」（これも、「オールド・ケインジアン」は、ただ仮定しただけでした）は、「インサイダー・アウトサイダー理論」によって次のような説明がなされます。企業は、「インサイダー」（企業内にすでに雇用されている労働者）を解雇して、彼らよりも賃金の低い「アウトサイダー」（失業中の労働者）を雇用したくとも、そのためには、求人広告や「アウトサイダー」の訓練などに費用がかかるのを覚悟しなければなりません。それゆえ、たとえ「インサイダー」が「アウトサイダー」の賃金を超える額を要求したとしても、「インサイダー」の賃金上昇額が「アウトサイダー」を新たに雇用することに伴う費用よりも少なければ、企業にとって「インサイダー」を雇用したままのほうが経済合理的なのです。

その他にも、いろいろな理論がありますが、これ以上の紹介は控えましょう（マクロ経済学の教科書には、幾つも紹介されているはずです）。

†私は大不況をこの目で見た！——トービンの疑問

しかし、ミクロ的基礎をどれだけ洗練されたものにしたとしても、社会全体としての有効需要の大きさが産出量や雇用量を決めるのだというケインズの最も重要なメッセージを重視する「オールド・ケインジアン」は、「ニュー・ケインジアン」の仕事が正しい方向に進んでいるようには思えなかったのではないでしょうか。実際、「オールド・ケインジアン」の一人であるジェームズ・トービン（一九一八―二〇〇二）は、幾度も、彼らに「ケインジアン」を称することを許してよいのかと正直に疑問を投げかけました。

「ニュー・ケインジアン」の経済学がルーカスの「ケインズ反革命」のあとに形成されてきたことはすでに触れましたが、マンキューをはじめとして、彼らはルーカスの方法論を基本的に承認しているので、価格や賃金の硬直性などのような「市場メカニズム」の働きを阻害するような要因がほとんどなければ、限りなくルーカスの新古典派マクロ経済学に近づいていきます。とすれば、エール大学でトービンに学んだ吉川洋（東京大学教授）が辛口にコメントしたように、「一九八〇年代から九〇年代には何でも新しいことの好きなアメリカでは、『新しいケインズ経済学』なる一派も生まれたが、大勢としては新古典派経済学が優勢である、といってよかろう」[12]というのも納得できます。

トービンは、吉川氏の回想によれば、[13]ルーカスがエール大学でのセミナーのなかで、「非自発的失業者」という言葉はナンセンスで、彼らはただ職探しという意味で「投資」をおこなっているに過ぎないという趣旨の受け答えをしたのを聴き終えて、最後に興奮気味に口を開いたと言われています。「なるほどあなたは非常に鋭い理論家だが、一つだけ私にかなわないことがある。若いあなたは大不況を見ていない。しかし私は大不況をこの目で見たことがある。大不況の悲惨さはあなた方の理論では説明できない」と。

†「よい経済学者」の条件とは？

この問題は、結局、経済理論家がモデル化をおこなうときに、現実的な仮定が必要かどうかという論点に行き着くように思われます。フリードマンの有名な論文「実証的経済学の方法論」の影響力もあって、仮定の「現実妥当性」は重要ではなく、ただそれが正確な予測を可能にするかどうかによって判断するという方法論がいつの間にか普及してしまいましたが、それとは対照的に、ケインズは、モデルの構築に当たってつねに仮定の「現実妥当性」に配慮していました。

もっとも、現在どの要因が重要なのか、どれが現実を反映した仮定なのかについては見解が分かれるでしょう。しかし、ケインズは、その判断が適切におこなえるどうかが「よい経済学者」をそうでない経済学者から区別するメルクマールだと考えていたのです。ケインズの言葉を聞いてみましょう。(14)

「経済学は、現代世界に適したモデルの選択技術と結びついたモデルによって思考する学問です。それがそうならざるを得ないのは、典型的な自然科学と違って、経済学が適用される素材が多くの点で時間を通じて同質的ではないからです。モデルの目的は、半永久的ないし相対的に不変の要因を、一時的ないし変動的要因から分離することによって、後者について思考し、またそれが場合によって惹起する時間的継起の理解についての論理的方法を開発することなのです。優れた経済学者が稀なのは、よいモデルを選択するための『用心深い観察力』を用いる才能が、高度に専門化された知的技術を必要とはしないものの、とても稀なもののように思われるからです。」

この意味では、どんなに精緻《せいち》化されたモデルであっても、仮定の「現実妥当性」を問わずに引き出された経済理論は、どれもこれも、ケインズの精神からは離れていると言わなければならないでしょう。

注

(1) R・F・ハロッド『経済動学』宮崎義一訳(丸善、一九七六年)六九ページ。ハロッドの仕事の全体像は、中村隆之『ハロッドの思想と動態経済学』(日本評論社、二〇〇八年)を参照のこと。
(2) R. M. Solow, "A Contribution to the Theory of Economic Growth," *Quarterly Journal of Economics*, February 1956.
(3) 宮沢健一『国民所得理論(三訂版)』(筑摩書房、一九八四年)三二六—三二七ページ参照。カルドアのモデルそのものは、次の有名な論文(一九五五—五六年)のなかに提示されています。cf., Nicholas Kaldor, "Alternative Theories of Distribution," in *The Essential Kaldor*, edited by F. Targetti and A. P. Thirlwall, 1989.
(4) Nicholas Kaldor, "Alternative Theories of Distribution," *op.cit.*, p.224.
(5) P・デヴィドソン『ケインズ経済学の再生』永井進訳(名古屋大学出版会、一九九四年)を参照のこと。
(6) *The Collected Writings of John Maynard Keynes*, vol.14, 1973, pp.113-115.
(7) デヴィドソンの最良の仕事は、『貨幣的経済理論』原正彦訳(日本経済評論社、一九八〇年)だと思いますが、前掲の『ケインズ経済学の再生』や、啓蒙論文「ポスト・ケインジアンの経済学」(D・ベル&I・クリストル編『新しい経済学を求めて』中村達也・柿原和夫訳、日本経済新聞社、一九八五年所収)も参考になるでしょう。
(8) P・デヴィドソン「ポスト・ケインジアンの経済学」、前掲、二三〇ページ。
(9) P・デヴィドソン『ケインズ経済学の再生』、前掲、九二—九三ページ。ただし、訳文は一部修正しました。
(10) 「ニュー・ケインジアン」については、マンキューの教科書『マクロ経済学I』足立英之ほか訳(東洋経済新報社、一九九六年)を参照のこと。
(11) 前同、三三八—三四〇ページ参照。
(12) 吉川洋『ケインズ』(ちくま新書、一九九五年)一九三ページ。
(13) 前同、一九二ページ。
(14) *The Collected Writings of John Maynard Keynes*, vol.14, *op.cit.*, pp.296-297.

【コラム7】 悲運のハロッド

ハロッドは、本文でも述べたように、経済動学の先駆者であり、「ノーベル経済学賞」(正式名は、「アルフレッド・ノーベル記念スウェーデン銀行経済学賞」)の栄冠に輝いても不思議ではなかったのですが、残念ながら、その賞とは縁がなく亡くなりました。「新古典派成長理論」によってハロッドを批判したロバート・ソローにはノーベル経済学賞が授与されているだけに、何か釈然としないものがありますが、その問題はここでは措いておくことにします(関心があれば、拙著『物語　現代経済学』中公新書、二〇〇六年、第七章を参照のこと)。

ハロッドは、ケインズの弟子筋が「左派」に傾いたなかで、ほとんど唯一「中庸」の立場を保持した経済学者だったと思います。彼は、『一般理論』を草稿の段階から読んでいましたが、ケインズの流動性選好説が古典派の利子論(貯蓄と投資による利子率決定論)を無用にするという考えには同調できませんでした。——ケインズの古典派の利子論に対する批判は行き過ぎており、むしろ、他の事情を一定とした通常の需給分析は、投資の変化とともに所得も変化してしまうので、利子率決定論には適用できないというべきであると。

ハロッドは、利子論の場合、ケインズ理論と古典派理論のあいだは次のように考えれば橋渡しすることが可能であると主張しました。――不完全雇用の場合は、「市場利子率」に、流動性選好と貨幣供給量によって決定される。だが、完全雇用の場合は、「自然利子率」(『一般理論』には、「中立的利子率」とあります)が存在し、それは、古典派理論と同じように、投資と貯蓄によって決定される。それゆえ、貨幣当局は、「市場利子率」を「自然利子率」の方向に導くために、その時点での流動性選好を考慮し、貨幣供給量を意図的に調整しなければならないと(R・F・ハロッド『貨幣』塩野谷九十九訳、東洋経済新報社、一九七四年、二一三ページ参照)。

もちろん、ハロッドの解釈は、ケインズの受け入れるところにはなりませんでしたが、このような解釈が普及していれば、ケインズが「貨幣供給量」を軽視したというのは全くの誤解であり、フリードマンの意図的なレトリック(ケインズ理論は、「流動性の罠」にはまった経済を典型的に想定しているので、「貨幣は重要ではない」Money does not matter.)が功を奏することはなかったでしょう。

さて、ハロッドは、ケインズと同じように、経済学だけではなく、哲学や思想にも関心をもっていましたが（ハロッドには、『帰納法論理の基礎』〔一九五六年〕と題する著書がありますし）、晩年には、『社会学・道徳・神秘』（一九七一年）と題する興味深い著書を出しています（日本語版は、『社会科学とは何か』と題して、清水幾太郎訳、岩波新書、一九七五年）。これは小さな本なのですが、なかなか含蓄に富んだ作品だと思います。

例えば、ハロッドは、経済学も社会科学の一分野である以上、「社会関係」に対する関心から無縁ではいられないと考えていますが、ふつうの経済学者と違って、「社会関係」の分析をおこなうには、まず人間の「感情」を理解する必要があり、そのためには優れた文学作品を読むべきであると主張しているのです。

経済学者のなかには、経済学を自然科学並みの「科学性」を有する学問だと自負している人たちがたくさんいますが、彼らは優れた文学作品の効用を説くハロッドの文章を読んでどう反応するでしょうか。おそらく、ただ聞き流すだけでしょう。しかし、ハロッドは、現在の社会問題の真の解決のためには、事実観察から得た多くの知識と人間性に対する深い理解が必要だと信じていました。ハロッドは、十八世紀以来のイギリスのモラル・フィロソフィーの伝統を現代に活かす道を探っていたのではないでしょうか。「帰納法論理」への関心も、それとは無関係ではないように思えるのです。

【コラム8】 J・ロビンソンの「血気」

ジョーン・ロビンソンも、ノーベル経済学賞の候補に何度もあがりながらついにその栄冠に輝くことができなかった女性経済学者ですが、経済学への貢献は決して少なくありません。

第一に、初期の仕事のなかでは、当時少なからぬ経済学者たちが取り組んでいた不完全競争理論を体系化した『不完全競争の経済学』（一九三三年）が挙げられます。

この本は、アメリカのハーヴァードで教鞭を執っていたE・H・チェンバリン（一八九九―一九六七）の『独占的競争の理論』（一九三三年）とともに、この分野での古典といってもよいのですが、不完全競争における利潤最大化の条件（「限界費用＝限界収入」）や「過剰設備を伴った均衡」などを図を使いながら明快に説明しており、彼女の若い頃の才気煥発《かんぱつ》さを伝えてくれているように思います。

『不完全競争の経済学』は、彼女がまだマーシャルの意味での新古典派経済学者であった頃の仕事ですが、ケインズ革命を境に、彼女の関心は、ケインズ理論の啓蒙《けいもう》や長期化の仕事、第二次世界大戦後に主流派となったアメリカの「新古典派総合」への「糾弾」

ともいえるような活動などに移っていきました。

　そこで、第二に、『一般理論』解釈として一貫して「不確実性」を重視した視点を強調したことを挙げるべきでしょう。すなわち、「ケインズ革命の本質は、分析を歴史的時間の中に置き、不確実性のもつ決定的な影響を強調したことであった」と（J・ロビンソン&J・イートウェル『現代経済学』宇沢弘文訳、岩波書店、一九七六年、二二三ページ）。本文でも示唆したように、「不確実性」の重視は、英米の「ポスト・ケインジアン」たちに大きな影響を与えたと思います。

　彼女は、サムエルソンの教科書などを通じて世界的に普及したIS/LM分析（もともと、イギリスの経済学者ジョン・ヒックスが、一九三七年の論文「ケインズ氏と『古典派』」のなかでケインズ解釈として提示したものですが、後年、その限界や欠陥をみずから認めるようになりました）によって、ケインズ理論が「静学的均衡」として取り扱われることに対して敵意を抱いていたといってもよいでしょう。

　第三は、第二とも関連がありますが、サムエルソンの「新古典派総合」に対して一貫して否定的な態度を取り続けたことが挙げられます。「資本論争」（彼女は、集計的生産関数$Y=F(K,L)$において、資本ストックKが物的な資本財として単純に集計できると想定されていることを俎上《そじょう》に載せ、実に、特定の利潤率から資本の価値を測定することはできないのだと激しく批判しました）における「戦闘的な」態度がすぐ頭に浮かんできますが、アメリカのケインジアンたちが、「雇用の水準」にしか関心を示さず、「雇用の内容」を問うていないことを糾弾したアメリカ経済学会での講演「経済学の第二の危機」（一九七一年）もそれに劣らず激しいものでした。

経済学の第一の危機は、ケインズ革命によって「雇用の水準」を決定する理論が提示されたので一応の解決を見ましたが、J・ロビンソンによれば、アメリカのケインジアンたちは、いまだに「雇用の水準」にしか関心をもっていないので、「軍産複合体」によって雇用が維持されていてもその事実に何の疑問ももたないのだというのです。しかし、彼女は、いまや「雇用の内容」を問うべき時代に入っているのであり、国民の福祉とは関係のない軍備のために資源が無駄に使われることに対しては声を大にして糾弾すべきだと考えていました。みずから「左派ケインジアン」を名乗り、「敵」に容赦のない非難を浴びせた彼女の言論活動を支持したのは多数派ではなかったと思いますが、彼女のような「批判精神」がほとんど消滅してしまったいまの経済学界の現状をみて初めて、彼女の存在価値がわかった人たちも多いのではないでしょうか。

【コラム9】価格の決定と産出量の決定の分離

本文で「ポスト・ケインジアン」と呼ばれている人々も一枚岩ではないことに触れましたが、ここでは、「価格の決定」と「産出量の決定」の分離を主張する人たち（ジョン・イートウェル、M・ミルゲイトなど）を紹介しましょう。彼らに最も影響を与えているのは、ケインズとスラッファという二十世紀経済学の天才二人です。

第二章で説明したように、スラッファ理論は、価格が経済体系の「投入・産出構造」（あるいは、「生産方法」）によって決定されるという意味で、「価値と分配」の問題に生産の側からアプローチした「古典派経済学」の再生を狙ったものでしたが、そこでは、産出量は定数であり、それを解明する理論は別に用意される必要がありました。ところが、ケインズ理論こそ、まさに産出量の決定理論を提供しているので、一部の「ポスト・ケインジアン」が、両者を橋渡しするようなアプローチが構想されうるのではないかと考えたとしても不思議ではありません。

しかし、そこで問題となるのは、スラッファ理論が「均等利潤率」が成り立つような「長期」のモデルなのに対して、ケインズ理論が「短期」の想定（人口・資本設備・技術が所与であること）を置いていることです。ところが、イートウェルやミルゲイトによれば、ケインズの「短期」の想定には背後に隠された意図があるのではないかというのです。

「新古典派経済学」では、「長期」の完全雇用を伴う均衡が完全な調整がなされた状態なのに対して、「短期」はいまだ完全な調整までには至っていない状態と捉えられますが、彼らによれば、ケインズが「短期」の想定を置いたのは、人口変化・資本蓄積・技術進歩によって生じる緩慢な変化を捨象し、産出量や雇用の決定に持続的に働く諸力（有効需要のこと）に焦点を合わせるための工夫だというのです（ジョン・イートウェル＆M・ミルゲイト編『ケインズの経済学と価値・分配の理論』石橋太郎ほか訳、日本経済評論社、一九八九年所収の「序論」「イートウェル＆ミルゲイト」および「価値、産出および雇用の諸理論」「イートウェル」を参照のこと）。

もしケインズ理論のメッセージが、経済体系の持続的な諸力（「有効需要」）によって「長期」の産出量が決定され、しかもそれが「完全雇用」を保障するとは限らないということならば、価格決定について同様に持続的諸力（「生産方法」）に焦点を合わせたスラッファの「長期」の価格決定理論との接合も可能ではないか。彼らはこのように考えたのです。

「相対価格、分配および産出量を決定する諸力に関してのこのような分離可能な説明、およびそれらの間の相互作用に関する二次的な考慮、これらは経済理論への古典派アプローチのホールマークである。それは、新古典派理論につきものの、諸変数の大きさに関する不可避的な同時決定と混同されてはならない。」（イートウェル&ミルゲイト「序論」、『ケインズの経済学と価値・分配の理論』、前掲、七ページ）

イートウェルとミルゲイトは、自分たちの思考法を本来の古典派経済学に近いという意味で「古典派アプローチ」と呼んでいますが、「新古典派経済学」の「需要と供給の均衡」という思考法にならされた経済学界では、もちろん、「異端」の思想でしょう。それにもかかわらず、彼らは、二十世紀イギリスの輝ける星であったケインズとスラッファ（どちらもケンブリッジの経済学者）という二大巨頭の「総合」という夢を思い描いているのかもしれません。

第五章 制度主義の展開

第四章までは、経済学の本流をつねに意識して記述してきましたが、経済学の歴史には、ときどき、本流からは外れているものの、捨てがたい仕事を遺した人たちが存在します。彼らを全員拾うことはできませんが、分類法としては、何らかの意味で「制度主義」に関係した人たちを一括りにしてもよいのではないかと思います。もちろん、以下に見ていくように、「制度」の意味は論者によって多様なのですが、そのことは、本流のように緻密な定式化が要求されるのと違って、かえって自由な発想に対してオープンな「制度主義」の魅力を高めているようにも思われるのです（「制度」とは何かについては、あわせて「補説8」を参照）。

†ヴェブレンの『有閑階級の理論』

「制度主義」を語るには、アメリカの異端派経済学者ソースタイン・ヴェブレン（一八五七—一九二九）から始めるのがふつうです。

ヴェブレンは、アメリカでは『有閑階級の理論』（一八九九年）によって有名になりましたが、この本には、「制度の進化に関する経済学的研究」と題する副題が付けられています。しかし、ヴェブレンが「制度」というとき、それは「個人や社会の特定の関係や特定の機能に関する広く行きわたった思考習慣[1]」を意味していることに留意しなければなりません。また、副題には「進化」という言葉も出てきますが、ヴェブレンも、ダーウィンの進化論が知識人に大きな影響を与えていた時代の申し子であり、「社会構造の進化は、制度の自然淘汰の過程であった[2]」という進化論を彷彿《ほうふつ》させるような言葉遣いをしています。

ところが、「制度」が環境の圧力を受けて変化しようとするのに対して、その環境圧力に対して最も鈍感な階級が存在します。それが、ヴェブレンのいう「有閑階級」です。ヴェブレンは、次のように言っています[3]。

「有閑階級は、現代的で高度に組織化されたあらゆる産業社会にはびこっている経済的な必要性という圧力から、おおむね保護されている。この階級の場合には、生活手段を入手するために闘う必要性は他の階級ほど厳しいものではない。したがってこの特権的な地位の帰結として、この階級は、よりいっそうの制度の成長と、変化した産業状況への適応を強いる要求に対して、最も反応が鈍い社会階級の一つだ、と予想して間違いないだろう。

……

この階級の保守主義が説明されるときはいつでも、富裕な階級が革新に反対するのは、彼らが現状維持を望んでしかるべき既得権、賞賛に値しない類の既得権をもつからである、という妬みを含むようなものになってしまう。ここで提出しようとする説明は、下劣な動機のせいにしようとするものではない。文化的図式の変化に対するこの階級の反感は本能的なものであって、ひたすら物質的利益を重んじた計算に依拠しているわけではない。それは、承認済みの行動様式やものの見方から離反することに対する本能的な嫌悪——この階級のすべてに共通で、環境の圧力によってうち負かされるほかない嫌悪——なのである。」

ヴェブレンによれば、経済構造は、二種類のカテゴリー（「金銭的な制度」と「産業的な制度」、あるいは、「取得の制度」と「生産の制度」とも表現しています）に分けられますが、この二つの「制度」はしばしば対立するものとして描かれます。「有閑階級」と密接な関係があるのは、「金銭的な制度」ですが、それとは対照的に、「製作者本能」や「無益な好奇心」（つまり、「産業的な制度」）との関係が深いのが「技術者」です。そして、ヴェブレンの他の著作を含めて、一貫して強調されているのは、前者が産業過程に寄生している階級なのに対して、後者は人間の福祉の向上に奉仕する階級だという視点です。

「有閑階級」の生態に切り込もうとするヴェブレンの筆は、彼らが世間の注目を一身に浴びるような豪奢《ごうしゃ》な消費に耽《ふけ》ることによって他者との「差別化」を図ろうとする行動に注目しました。ヴェブレンの名を有名にした「顕示的消費」がこれに当たります。ときには、みずからの派手な消費行動だけではなく、友人や競争相手までも利用して、富を「顕示」することがおこなわれることもあります。(4)

「価値の高い財の顕示的消費は、有閑紳士が名声を獲得するための手段である。彼の手元に富が蓄積されてくると、彼自身の努力だけでは豊かさを十分に証明できなくなってくる。こうして友人や競争相手の助力を得て、高価な贈り物や贅を尽くした祝祭や宴会を提供するという手段が活用される。贈り物や宴会は、おそらく馬鹿正直な誇示とは異なった起源をもっていたはずだが、それがこの目的に役立つようになったのはきわめて早い時期のことで、しかも現代にいたるまでその性質を保ち続けている。したがってその効用は、いまやこの点に関するかぎり、こうした慣例の実質的な基礎としての役割を長期間担ってきたことになる。たとえばポトラッチ（北米西岸のインディアンの間で、財力を誇示するためになされる贈答の儀式）や舞踏会といった贅を尽くした宴会が、とくにこの目的にかなったものとして利用される。この場合には、主催者が比較を試みようとする当の相手方が、目的達成のための手段として利用されている。競争相手は、招待主のための代行的消費の実行者であると同時に、招待主だけではとても処理しきれない多量の立派なものの消費の目撃者であり、こうして彼はまた、招待主の社交儀礼の力量をしっかり見せつけられるわけである。」

ヴェブレンは、当時の主流派である「新古典派経済学」が、受動的な「快楽主義」(「快楽」と「苦痛」を素早く計算する「経済人」という「虚構」)にあまりに依存し過ぎていることを俎上に載せ、経済行動を制度的・文化的環境による制約とその反作用の相互関係において捉えるべきだと主張しました。また、「新古典派経済学」が「自然」「正常」「均衡」といった目的論的・静態的概念を相変わらず用いていることを「前ダーウィン的分類学」として切り捨て、経済発展の過程は、「人間の本能」「社会の伝統」「環境」などの相互作用の下で進行する全く機械的・非目的論的過程なのだと反論しました。このような経済思想は、ヴェブレンが生きていた時代には、「異端」の烙印を押されましたが、「制度主義」の流れをくむ現代の経済学者の一部(とくに、J・K・ガルブレイス)は、彼の「進化論的経済学」をきわめて高く評価しています。[5]

†アメリカにおける「制度主義」の展開

ヴェブレン以後のアメリカの「制度主義」は、ウェズリー・C・ミッチェル（一八七四―一九四八）やジョン・R・コモンズ（一八六二―一九四五）などの時代に一時「流行」しましたが、第二次世界大戦後は、アメリカで新たに主流派となった「新古典派総合」の経済学が高度な分析的手法（数理経済学や計量経済学など）によって「武装」されるにつれて次第に衰退していきました。[6] しかし、一時は「流行」した彼らの経済思想を簡単に紹介しておきましょう。

ミッチェルは、ヴェブレンの「産業的な制度」と「金銭的な制度」に対応するかのように、「財の生産」と「金もうけ」を区別しましたが、現代では「金もうけ」の経済（「貨幣経済」と言い換えてもよいでしょう）が優位を占めており、つねに「変化」する景気循環の諸局面を研究しなければならないと考えていました。そのためにミッチェルがとった「数量経済学」は、現代の計量経済学からみると、あまりにも幼稚なレベルにみえますが（例えば、『景気循環』一九一三年）、ミッチェルが、景気循環の解明こそが企業活動を国民の福祉を高めるような方向へと社会的に制御する道を切り開くだろうという信念をもっていたことは強調されてよいと思います。

コモンズは、「制度」を「個人行動をコントロールし、解放し、拡大させる集団行動」として定義しましたが、彼の眼には、現代アメリカの「銀行家資本主義」は多くの欠陥をもっており、それを「適正な資本主義」へと導くためには様々な経済改革が必要だと考えていました（『集団行動の経済学』一九五〇年）。コモンズは、もともと、ウィスコンシン州を中心に、産業関係や労使関係などを調査研究した仕事で有名になった経済学者でしたが（「ウィスコンシン学派」と呼ばれることもあります）、彼のいわば「修正資本主義」の路線は、ケインズの思想にも通じるところがあり、のちには、ルーズベルト政権期のニューディールにも影響を与えることになりました。「制度主義」の流れに敏感なジョン・ケネス・ガルブレイス（一九〇八―二〇〇六）が、次のようにコモンズを高く評価しているのはさすがと言えましょう。(7)

「経済学者と政治家とが共同して成就した『ウィスコンシン計画』は、草分けとなった州公務員法、公益事業の料率と有効な規制、高利の制限……、労働組合運動の支援、州所得税、そして最後に一九三二年の州失業補償法制度、を含むものであった。三年後に連邦の失業補償立法ができるのであるが、これほどこの立法に直接的な貢献をしたものはなかった。連邦の失業補償制度の考案を指導したのも、コモンズおよびウィスコンシンの経済学者たちであった。……福祉国家の起源となった場所を訪問しようというのであれば、ウィスコンシン州マディソンにも表敬しなければならないのである。」

†ガルブレイスの「制度的真実」への挑戦

アメリカの「制度主義」は、前にも触れたように、「新古典派総合」の時代に衰退していったのですが、それでも、「異端派」ながらも、その流れをくむガルブレイスがベストセラーを何度も出し続けて、その灯火が消えないように努力したことは記憶されてよいでしょう。ガルブレイスは、自分の所属する組織や団体のなかで「通念」と考えられているものを「制度的真実」と呼んだことがありますが、彼の仕事は、一生を通じて、経済学界の「制度的真実」に対して挑戦することに捧げられたといっても過言ではありません。(8)

例えば、第一のベストセラー『ゆたかな社会』（一九五八年）では、主流派経済学が前提にしている「消費者主権」を俎上に載せましたが、ところが、現実には、生産者は宣伝や広告などを通じて消費者の需要を積極的に創り出しており、主流派の「消費者主権」は虚構に過ぎないと主張しました。

ガルブレイスは、消費者の需要がむしろ生産の側によって喚起されることを「依存効果」と呼びましたが、「依存効果」が民間経済の部門に強力に働くので、資源が公的部門を犠牲にして民間部門に流れ過ぎているという問題を生むようになりがちです。ガルブレイスは、これを「社会的バランス」の欠如と表現しています。

次に、第二のベストセラー『新しい産業国家』（一九六七年）においては、主流派経済学では、生産者は究極的に市場に従属していると仮定されており、企業権力の問題は全くないかのように取り扱われている点を問題視しました。ガルブレイスによれば、現代のアメリカ経済は、およそ千社の大企業による製品の供給が全体のほぼ半分近くを占めている現実があり、このような大企業体制にメスを入れなければ、経済学は現実に応えられないというのです。

大企業は、市場における不確実性を回避するために、「管理価格」「消費者需要の操作」「内部金融化」などを駆使して「計画化」を進めようとしますが、留意すべきは、このような「計画化」の担い手が、「資本家」でも、単なる「経営者」でもなく、ガルブレイスが「テクノストラクチュア」と呼んだ大企業内部の専門家集団に移行したということです。ガルブレイスによれば、「テクノストラクチュア」は、利潤最大化よりは企業の安定成長を目標とし、さらにその目標を国民経済全体の目標としても定着させるために社会全体の意識操作まで試みるようになるというのですが、このような大企業と国家が一体となった一つの管理社会が「新しい産業国家」なのです。

ガルブレイスの問題提起は、経済学界の内部に大きな論争を引き起こしましたが、その論争の詳細を紹介するスペースはないので、以下の点だけを指摘するにとどめます。たしかに、ガルブレイスによる大企業体制の描写は誇張を含んでおり、いまだに資本家の力を侮れないアメリカの現実と必ずしもそぐわないように見えますが、彼の意図は、「大企業王国」という現実を多少デフォルメした管理社会を描くことによって、いまだに完全競争モデルに胡座《あぐら》をかいている主流派経済学の欠陥を暴露することにあったのだと思います。

その証拠に、その後、経済学界の内部でも、企業の内部組織の研究やゲーム理論を駆使した企業理論などが展開されるようになったので、その意味では、ガルブレイスの問題提起は功を奏したといってもよいのではないでしょうか。

†「ジャーナリスト」としてのガルブレイス

第三に、ガルブレイスは「ジャーナリスト」としても優れた活動をしました。一部の経済学者はジャーナリストを過小評価する嫌いがありますが、ケインズも優れたジャーナリストであり、誤解を恐れずにいえば、彼のアカデミックな仕事もジャーナリストとしての活動の一環であったといってもよいくらいです。

ジャーナリストとしてのガルブレイスも多岐にわたっているので、ここでは、一九八〇年代以降に顕著となったアメリカにおける保守主義の復活を批評した『満足の文化』(一九九二年)を取り上げましょう。

ガルブレイスは、最近のアメリカ社会を観察して、かつてのように経済的・社会的に恵まれた少数派ではなく、豊かさの結果として「満ち足りた選挙多数派」(ここで「多数派」とは、「実際に投票行動をする市民」という意味での多数派であることに注意が必要です)が力を増してきたことに注目します。

「満ち足りた選挙多数派」は、現状を疑わず、何よりも自分に対する配慮を行動の基準にしているという意味で自己中心的な人々ですが、それゆえ、彼らは、自分たちの利益になる政府活動（例えば、危機に陥った金融機関の救済、防衛支出など）以外には強く反対し、税負担の軽減を第一に要求します。一九八〇年代の初めから九〇年代の初めまで続いたレーガン＝ブッシュの共和党政権は、ガルブレイスによれば、彼らの意思を正確に反映する政策（富裕階級を優遇する減税、福祉予算のカットなど）を採用したという意味では、民主主義の原則にきわめて忠実でした。

しかし、ガルブレイスは、このようなアメリカの「民主主義」から排除されている「下層階級」がいることも忘れてはならないと指摘します。彼らの多くは、ごく最近の移民者や選挙権のない不法入国者なのですが、彼らは、自分たちの利益を代弁してくれる候補者のいない選挙にはそもそも期待していないのが現実です。ところが、彼らは、「満ち足りた選挙多数派」の快適な生活を支えるために、誰からも嫌がられるつらい仕事を強いられています。

もし彼らの「経済生活向上への期待」が近い将来に叶えられる望みがあれば、少しは慰めになるのでしょうが、急速な経済成長が期待できない現在、そのような望みも消滅し、半永久的に下層階級としての生活を強いられる人たちが増加してきたのです。

ガルブレイスは、生活改善への道を閉ざされた彼らの存在は、将来「怒りと社会不安」

を招くかもしれないという不気味な警告を発していますが、これがアメリカの「民主主義」の真実であり、「満足の文化」と呼ばれる社会の実態なのだというのです。

このような「ジャーナリスト」としての仕事は、優れた現実感覚とそれを表現する文章力を持ちあわせていない人たちには向きませんが、幸いにも、ガルブレイスは、その両方を兼ね備えた優れた「ジャーナリスト」でした。

†「非経済的要因」への着目——ミュルダールの制度主義

ガルブレイスと並んで、「新古典派総合」の時代に活躍した経済学者は、スウェーデンのグンナー・ミュルダール（一八九八―一九八七）です。彼は、初期には「制度主義」とは無縁の仕事をしていましたが（例えば、『貨幣的均衡』一九三九年）、一九三八年から四三年にかけて、カーネギー財団の委嘱を受けてアメリカの黒人問題を研究していくうちに「制度主義」の方向に次第に傾斜していきました。つまり、「正義・自由・機会の均等」というアメリカの信条と黒人に対する差別の現実は、明らかに不調和なのですが、これを説明するには、単に「経済的要因」ばかりではなく、「非経済的要因」にも正当な考慮を払わなければならないと悟ったからです（『アメリカのジレンマ』一九四四年）。

例えば、黒人問題における「白人の偏見」と黒人の「低い生活水準」という二つの要因を取り上げてみましょう。この問題では、一方において、黒人の「低い生活水準」が「白人の偏見」という差別に起因するとともに、他方において、黒人の「低い生活水準」が「白人の偏見」を助長しているという相互連関があることに気づきます。ミュルダールは、この例（「白人の偏見」と黒人の「低い生活水準」がお互いに他を引き起こしながら不平等を拡大していること）を、「循環的・累積的因果関係の原理」と呼びました。

ミュルダールは、「新古典派経済学」がいわゆる「自由放任」哲学の基礎として「安定均衡」概念をしばしば使ってきた事実をみてきたのですが、「制度主義」に転向してからは、それは社会的現実に照らし合わせて明らかに間違っていると考えるようになりました。彼の言葉を聞いてみましょう。(9)

「……正常の場合においては、社会体系における自動安定化に向かうそのような傾向はない、ということである。体系は、それ自体では、諸力間のなんらかの種類の均衡に向かって動いているのではなく、むしろつねにそのような状況から乖離する動きをとっている。正常の場合においては、ある変化は平衡的な変化を引き起こすのではなく、むしろ反対に、最初の変化と同じような方向に、しかし、さらにすすんで、体系を動かすような促進的な変化を引き起こす。そのような循環的な因果関係のために、ある社会過程は累積的となり、またしばしば加速度的な度合で速度を早めるのである。」

ミュルダールは、それにもかかわらず、経済学の教科書のなかに「安定均衡」の概念が残っているのは、重農学派や古典派以来の「自然法的価値観」(現実が先験的に存在する一定の均衡状態に向かって収斂《しゅうれん》していくという思想のこと)がいまだに現代経済学の根底に横たわっているからではないかと主張するのです。(10)

ミュルダールは、「社会的現実」のなかから「経済的要因」のみを取り出し、それらの相互作用の分析にしか関心のない「新古典派経済学」では、低開発国問題に対していかに無力であるかを痛感してきました。例えば、長いあいだ、社会的にも経済的にも停滞が続いてきた低開発国では、硬直的な制度や融通の利かない態度などの「非経済的要因」が発展を大きく阻害しているのが現実だからです。それゆえ、ミュルダールは、次のように主張するのです。(11)

「実際、『経済的』な要因と『経済外的』な要因の間の区別は、論者の観点からすれば、無益で無意味な工夫であり、このような区別は、『意味ある』要因と、『意味なき』要因、もしくは『意味多き』要因と、『意味少なき』要因という区別によっておきかえるべきである。しかも、この後者の分割線はさまざまの問題について同一であると考えてはならない。」

ミュルダールは、このようなみずからの主張に忠実でした。例えば、南アジアの「近代化」問題を取り上げた『アジアのドラマ』(一九六八年)では、社会体系を形成する条件として、(1)所得、(2)生産の諸条件、(3)生活水準、(4)生活と仕事に対する態度、(5)制度、(6)政策、の六つが挙げられていますが、これらのなかに、「経済的要因」とともに「非経済的要因」が含まれていることは言うまでもありません。

そして、この本でも、「循環的・累積的因果関係の原理」が適用されます。例えば、「制度」(農業の改善を阻むような土地保有制度や古い身分制度など)が「生活と仕事に対する態度」(労働規律の低さや時間厳守の観念の欠如など)に支えられている一方で、「生活と仕事に対する態度」が古い「制度」に支えられているというように。

ミュルダールは、このような低開発国問題の現状分析から、それらの諸国のいわゆる「離陸」には幾らか悲観的だったように思われます。「循環的・累積的因果関係」が経済発展を阻む方向に強く作用している現状では、総合的な開発計画による「ビッグ・プッシュ」が必要だと訴え続けたのも、そのような認識があったからでしょう。もっとも、現在、幸いにも、アジアの一部は「離陸」に成功したといってもよいのですが、世界中を見渡すと、アフリカの国々のように、相変わらず貧困問題に喘《あえ》いでいるのを発見します。ミュルダールの「制度主義」は、そのような国々の発展問題を考察するときには、多くの示唆を与えてくれるのではないでしょうか。

†「新制度学派」の経済分析――コースの問題提起

以上、ヴェブレン以来の「制度主義」につらなる人々を紹介してきましたが、現在では、この系譜とは違った「新制度学派」と呼ばれることもある経済分析が発展しています。もっとも、その先駆者であるロナルド・H・コース（一九一〇―）の論文「企業の本質」は一九三七年に発表されているのですが、経済学者がコースの切り開いた可能性に気づくには長い年月が必要でした。

コースが「制度」と呼んでいるものは、端的にいえば、「企業」と「市場」のことですが、この二つが「経済システムの制度的構造」を構成しているというのが、コースの基本的な認識です。[12] ところが、意外なことに、経済学者はなぜ「市場」とは違った「企業」という制度的様式が存在し、何が「企業」の数を決定するのかという問題をほとんど考察してこなかったのです。それゆえ、コースは、はじめに、このような問題設定を明確にすることから始めています。[13]

「それは、なぜある場合には価格メカニズムが調整をおこない、また別の場合には企業家がおこなうのか、という点である。本章（「企業の本質」）の目的は、二つの仮説、すなわち資源は価格メカニズムという手段によって配分されるという（いくつかの目的のために立てられた）仮説と、この配分は調整者である企業家に依存してなされるという（前とは異なる目的のために立てられた）仮説との間の、経済理論におけるギャップを埋めることにある。」

コースがこの問題に対して提示した回答は、いまから振り返ると、きわめて単純明快でした。すなわち、「企業を設立することがなぜ有利かという主要な理由は、価格メカニズムを利用するための費用が存在する[14]」からだと。

「価格メカニズムを利用するための費用」は、のちに、「取引費用」と呼ばれるようになりましたが、そのなかには、「模索と情報の費用」「交渉と意思決定の費用」「監視と強制の費用」などが含まれます。そこで、もしいまは「市場」でおこなわれている取引を組織化し、「企業」を設立する場合の費用が、「市場」を通じて取引をおこなう場合の費用よりも少なければ、「市場」に代えて「企業」が選択されるようになるでしょう。また、「企業」の規模の限界は、取引を組織化する場合の費用と、それを「市場」を通じておこなう場合の費用が等しくなるところで画されることになるでしょう。

†青木昌彦の「比較制度分析」

「市場」と「企業」という代替的な制度様式のあいだの選択という視点は、のちに、青木昌彦（スタンフォード大学名誉教授）を「比較制度分析」の開拓の方向に向かわせました。

青木氏は、「比較制度分析」は「多元的経済の普遍的分析[15]」を目指していると言っていますが、その意味は、それが文化や慣習の違いなどに注目した従来の比較経済論とは一線を画し、最近、経済分析のなかへの浸透が著しいゲーム理論(とくに、「ナッシュ均衡」という「複数均衡」の可能性のある概念を駆使しています)を使いながら「多元性」を分析しようとしているということです。青木氏は、次のように言っています。(16)

「従来の『比較経済体制論』の対象は、社会主義計画経済と市場経済の比較にあった。そして、社会主義計画経済は計画機構の計画・指令によって動く『指令経済』と概念化され、他方市場経済の動きは『価格メカニズム』と同一視されていた。しかし計画機構も一つの組織であり、また市場経済にも、企業組織の在り方や、企業と金融機関の間の関係の在り方によって、様々なバラエティがあり得る。したがって、これまでの『指令対価格メカニズム』という二元論に替えて、様々な組織や組織間の関係を比較的に分析することにより、現代経済の制度的理解に『統一的』にアプローチすることができるのではないか。

このような問題意識の根底には、……社会主義計画経済の転形問題や、英米・日本・大陸ヨーロッパの比較経済研究が重要な研究課題となってきたという現実世界の動きがある。他方、ここ二十年足らずのあいだに、ゲームの理論、情報とインセンティブの経済理論などが目覚ましい勢いで発展してきたので、かつての『制度』学派のように制度の研究を単に制度の比較記述に終わらせるのではなく、歴史と文化の異なった諸制度を統一的に解釈し得るミクロ理論的な分析用具が用意されてきた。つまり我々は最先端の理論を、理論のための理論に終わらせるのでなく、現実的な重要性を持った問題にたいする、その含意を明らかにしたいとも思っているのである。」

「比較制度分析」の分析手法は、青木氏自身も言っているように、最新理論を使っているので、新書判で取り上げることはできませんが、「比較制度分析」がヴェブレン以来の「制度主義」にはほとんど親近感をもっていないことだけは読みとることができるのではないでしょうか。アメリカの大学で長く研究生活を続けてきた青木氏は、アングロ＝サクソン主導の「普遍理論」（ワルラス理論に基づいた「新古典派経済学」のこと）には違和感をもちながらも、かといって、日本の制度の「特殊性」を指摘するだけでは「経済分析」にはならないことを痛感していたに違いありません。それゆえ、ゲーム理論などの最新理論を駆使して、異なる制度的様式の比較を「統一的」に試みる方向に導かれたのでしょう。「比較制度分析」はいまだに発展しつつある分野なので、これからの成果に注目する必要があると思います。

注

(1) ソースタイン・ヴェブレン『有閑階級の理論』高哲男訳(ちくま学芸文庫、一九九八年)二一四ページ。ヴェブレン関連の文献としては、小原敬士『ヴェブレン』(勁草書房、一九六五年)と高哲男『ヴェブレン研究』(ミネルヴァ書房、一九九一年)が参考になります。
(2) ヴェブレン『有閑階級の理論』、前掲、二一二ページ。
(3) 前同、二二三ページ。
(4) 前同、八九―九〇ページ。
(5) 例えば、J・K・ガルブレイス『経済学の歴史』鈴木哲太郎訳(ダイヤモンド社、一九八八年)二四二―二五三ページ参照。
(6) アメリカの「制度主義」については、田中敏弘『アメリカの経済思想』(名古屋大学出版会、二〇〇二年)と高哲男『現代アメリカ経済思想の起源』(名古屋大学出版会、二〇〇四年)の二冊がとくに参考になります。
(7) J・K・ガルブレイス『経済学の歴史』、前掲、三〇八ページ。
(8) ガルブレイスの経済思想については、拙著『ガルブレイス――制度的真実への挑戦』(丸善ライブラリー、一九九五年)を参照のこと。
(9) G・ミュルダール『経済理論と低開発地域』小原敬士訳(東洋経済新報社、一九五九年)一四ページ。
(10) 前同、一七二―一七五ページ参照。重農学派や古典派の経済思想は、必ずしも「自由放任主義」と同じではないのですが、この問題は、ここでは措いておきます。
(11) G・ミュルダール『経済理論と低開発地域』、前掲、一〇ページ。
(12) R・H・コース『企業・市場・法』宮沢健一ほか訳（東洋経済新報社、一九九二年）七ページ参照。
(13) 前同、四二―四三ページ。（ ）内は引用者が補足しました。
(14) 前同、四四ページ。
(15) 青木昌彦『比較制度分析序説』（講談社学術文庫、二〇〇八年）八ページ。この本の基になった『経済システムの進化と多元性――比較制度分析序説』は、一九九五年、東洋経済新報社より刊行されています。
(16) 青木昌彦『移りゆくこの十年　動かぬ視点』（日経ビジネス人文庫、二〇〇二年）一五四―一五五ページ。

【コラム10】ミュルダールの「価値前提の明示」

ミュルダールは、ある段階から、社会科学における客観性は、研究者が自分の研究の底にある「価値前提」を明確に自覚している限りにおいて可能であるという見解をもつようになりましたが、どのような「価値前提」を選ぶかによって研究の指針が違ってくることは言うまでもありません（ミュルダール経済学の全体像については、藤田菜々子『ミュルダールの経済学——福祉国家から福祉世界へ』〔NTT出版、二〇一〇年〕を参照のこと）。

彼は、低開発国の問題に通じており、西欧の価値観をそのままそれらの国々に当てはめるのは的外れであると考えていましたが、それにもかかわらず、スウェーデン出身だけに、やはり「西欧市民社会の民主主義的理念」を重視した「価値前提」を選んでいるように思われます。例えば、『福祉国家を越えて』（一九六〇年）における「自由・平等・友愛」、『経済理論と低開発地域』（一九五七年）における「政治的民主主義と機会均等」のように。

ただし、留意すべきは、彼がそれらの「価値前提」を現状分析や現状批判にフルに活用していることです。――例えば、西欧諸国は、たしかに、「計画化」によって「自由・平等・友愛」という価値前提をある程度実現した「福祉国家」を創り上げたが、それらの諸国の福祉政策は相変わらずナショナリスティックで、国際間の平等を目指した世界的規模での福祉政策の立案という段階までには至っていないと。

また、彼の国際経済の分野での仕事には、「国際的統合と国際的規模での分配の平等」という「価値前提」が置かれる場合が多いのですが、現実には、先進国と低開発国のあいだの経済格差は拡大しつつあるので、このような憂うべき現状を打破するには、「安定均衡」をはじめとする非現実的な概念は再考しなければならないと主張しています。

しかも、「価値前提」は、各研究者が意識的に採用するものなので、唯一不変の「価値前提」があるのではなく、それを事実観察とのフィードバックを通じてつねにより優れたものにしていく努力を重ねなければなりません。つまり、「価値前提」は、絶対的なものではなく、あくまで「仮説的な」性格をもつに過ぎないのです。ミュルダールは、次のように言っています。

「価値前提は明示的に述べられるべきであり、暗黙裏の想定として隠されてはならない。

価値前提は、実体の価値評価に必要とされるに十分なほど、明確、かつ具体的に、事実に関する知識の形で述べられなければならない。それらは、事実のみに基づいているとか、『当然のこと』のみに基づいているとして先験的に自明のものとか一般的に有効であるとかいうことはできないので、目的意識的に選択されなければならない。このように、価値前提は、研究における意思選択的な要素であるが、それはあらゆる目的的活動に必要とされるものなのである。それゆえ、意思の傾向が異なる可能性がある以上、価値前提は、仮説的な性格のものでしかない。」（G・ミュルダール『社会科学と価値判断』丸尾直美訳、竹内書店、一九七一年、一〇一ページ）

【コラム11】「審美的次元」について

ガルブレイスの『新しい産業国家』は、本文でも述べたように、「大企業体制」のモデルを提示したものですが、その本のなかには、「審美的次元」についての興味深い指摘があります。つまり、「大企業体制」では、「テクノストラクチュア」の目標が第一優先されるので、往々にして、「審美的次元」とは衝突しやすいというのです。例えば、

「電力線」を優先する「テクノストラクチュア」vs「景観」を重視する「審美的次元」というように。

ガルブレイスは、「審美的次元」を守るためには、「教育者・科学者階層」が率先して立ち上がらなければならないと主張しているのですが、後年には、その可能性に少し悲観的になったように思われます。

ガルブレイスは、早い段階から、現代では「環境問題」と呼ばれるようなものに敏感でしたが、未来は「審美的次元」への配慮から開かれるという持論は、次の文章のように徹底したものでした。

「審美的次元が課す試験は新しく、はるかに難しい。この試験では、任期を終えた市長、州知事、ホワイトハウスの大統領、ロンドンのダウニング街の首相は、彼らの市や州、あるいは国が就任前よりも美しくなったかどうかを問われることになる。この試験に合格するのはたいへんである。今世紀の主だった人びとの中にも合格者はいないだろう。誰もが落第するという事実は、審美的次元が軽視されるもう一つの理由でもある。落ちるに決まっている試験を好む者はいない。だが、いつの日にか、進歩的社会で、やさしすぎる生産性の試験よりも審美的達成度の試験をはるかに多く課すときがくるだろう。」（J・K・ガルブレイス『新しい産業国家（下）』斎藤精一郎訳、講談社文庫、一九八四年、二三三ページ）

ガルブレイスは、『ゆたかな社会』でも、「依存効果」が民間部門に強く作用するために、資源が公的部門を犠牲にして前者に流れるという「社会的バランス」の欠如が生じていることを指摘していましたが、そこに出てくる手の込んだ文章は、その本のなかで最も引用される箇所になったとのちに回想しています。

「ある家族が、しゃれた色の、冷暖房装置つきの、パワーステアリング・パワーブレーキ式の自動車でピクニックに行くとしよう。かれらが通る都会は、舗装がわるく、ごみくずや、朽ちた建物や、広告板や、とっくに地下に移されるべきはずの電信柱などで、目もあてられぬ状態である。田舎へ出ると、広告のために景色もみえない。（商業宣伝の広告物はアメリカ人の価値体系の中で絶対の優先権をもっている。田舎の景色などという美学的な考慮は二の次である。こうした点でアメリカ人の考え方は首尾一貫している。）かれらは、きたない小川のほとりで、きれいに包装された食事をポータブルの冷蔵庫からとり出す。夜は公園で泊まることにするが、その公園たるや、公衆衛生と公衆道徳をおびやかすようなしろものである。くさった廃物の悪臭の中で、ナイロンのテントを張り、空気ぶとんを敷いてねようとするとき、かれらは、かれらに与えられているものが奇妙にもちぐはぐであることを漠然とながら考えるかもしれない。はたしてこれがアメリカの特質なのだろうか、と。」（J・K・ガルブレイス『ゆたかな社会』鈴木哲太郎訳、岩波同時代ライブラリー、一九九〇年、三〇七―三〇八ページ）

あとがき

「経済学の歴史」を新書判で執筆してほしいという「ちくま新書」編集部の注文に応えるのは、当初考えていたよりも困難な仕事でした。年代順に配列した単行本なら、すでに十年ほど前（一九九八年）、『経済学の歴史』（筑摩書房、現在は「講談社学術文庫」に収録）と題してすでに出版済みでしたが、新書判となると、どのような書き方をすればよいか、多少の迷いがあったからです。最終的に筆が動き始めたのは、今回はテーマ別に書き下ろすという決断を下してからのことです。

新書判なので、あまりに専門的な話題はできるだけ回避しなければなりませんが、それらをすべて取り去ってしまえば、何とも味気ない「経済学の歴史」になる可能性がありま す。そこで、向学心の高い読者層を念頭に決して薄っぺらな教科書にならないように配慮しましたが、書いている最中も、どこまでこのテーマを掘り下げるのが許されるのか、自問自答していたような気がします。各章にコラムを設けたのは、専門的に少し書き足らなかったように思えたところを補足するためです。

大学で教えるようになってから、早くも二十年近い年月が経ちましたが、ふだんは経済学部（経済学研究科）で教えているので、他学部の学生がこの科目をどのように見ているのかは、正直いって、よくわかりませんでした。ところが、最近、「経済学史」という科目を経済学部ばかりでなく法学部にも提供するようになってから、経済学部では「常識」のように教えてきた事柄も改めて説明し直す必要を感じるようになりました。そうでなければ、新書判で「経済学の歴史」を書き下ろすという仕事を引き受けなかったかもしれません。

象牙の塔を離れても、最近は、経済学史や現代経済思想史に関係のあるテーマでの講演を依頼される機会も増えてきましたが、相手が学生であれ社会人であれ、教え方さえ工夫すれば、このテーマに対する関心はもっと高まるように思います。

十年ほど前にパニック発作に倒れてからというもの、疲れやストレスがたまるたびに体調を崩してきましたが、それでも、なんとか小さな本を出せるようになるまでには回復してきました。いまでは、自分にできる仕事をこの分野に関心のある層にできるだけ広く紹介することが使命だと思えるようになってきましたが、本書がそのような向学心の高い読者層に受け入れられることを願って筆をおくことにします。

二〇一〇年三月十日

根井雅弘

*文献案内

ここでは、本書から進んでさらに勉強してみたい読者の便宜を考えて、日本語で読める推薦文献を挙げておきます（*のついている本は、二〇〇九年末時点で残念ながら品切れですが、意欲があれば、図書館や古本屋を探してみて下さい）。

経済学の通史は、枚挙に暇がないのですが、あえて次の三冊に絞ってみたいと思います。

(1) R・L・ハイルブローナー『**入門経済思想史――世俗の思想家たち**』八木甫ほか訳（ちくま学芸文庫、二〇〇一年）

(2) 根井雅弘『**経済学の歴史**』（講談社学術文庫、二〇〇五年）

(3) フィリス・ディーン『**経済思想の発展**』奥野正寛訳（岩波書店、一九八二年）*

(1)と(2)は、難易度と書き方に若干の違いがありますが（前者が何といっても「読みやすさ」に特徴があるのに対して、後者はやや専門書に近い体裁をとっています）、どちらも経済学史上の重要人物を取り上げて、それを解説するという方法をとっています。
(3)は、出版年がやや古くなったものの、経済学の流れを要所を押さえて見事に解説しています。

経済学の通史は、一度は越えなければならない「トンネル」のようなものですが、そのあとは、本書で取り上げた古典を直接繙くとともに、経済学史の金字塔ともいうべきシュンペーターの名著に挑戦してほしいと思います。

(4) J・A・シュンペーター『**経済分析の歴史**（上）（中）（下）』東畑精一・福岡正夫訳（岩波書店、二〇〇五―二〇〇六年）

シュンペーターの経済学史は、彼独自の史観（ワルラスの一般均衡理論を「純粋経済学」の頂点と捉えているので、それとの距離が大きい経済学者への評価は辛くなります）を反映していますが、それでも、古今の経済学と隣接領域の学問（社会学、心理学、哲学など）の名著を好き嫌いを超えて彼ほど幅広く渉猟し、独力で壮大な学問史を描き切った類い稀なる才能には誰もが圧倒されるに違いありません。「博覧強記」とは、シュンペーターのためにある言葉のようなもので、彼の学識と比較すれば、私たちはすべて「素人」だといってもよいでしょう。

本書の各章で取り上げたテーマは、別の本では、どこかに必ず触れられているはずですし、注でも多くの文献を挙げているので、ここでは、全体を通して、とくに推薦しておきたいものを挙げておきます。

(5) 菱山泉『ケネーからスラッファへ――忘れえぬ経済学者たち』(名古屋大学出版会、一九九〇年)

(6) モーリス・ドッブ『価値と分配の理論』岸本重陳訳(新評論、一九七六年)*

(7) コリソン・ブラックほか編著『経済学と限界革命』岡田純一・早坂忠訳(日本経済新聞社、一九七五年)*

(8) 伊東光晴『ケインズ』(講談社学術文庫、一九九三年)

(9) 伊藤宣広『現代経済学の誕生――ケンブリッジ学派の系譜』(中公新書、二〇〇六年)

(10) 根井雅弘『現代イギリス経済学の群像――正統から異端へ』(岩波書店、一九八九年)*

(11) F・A・ハイエク『市場・知識・自由』田中真晴・田中秀夫編訳(ミネルヴァ書房、一九八六年)

(12) 田中敏弘『アメリカの経済思想』(名古屋大学出版会、二〇〇二年)

これ以上の推薦書を挙げるのは控えますが、それは、右のような本を読んでいけば、各自の関心によって次に読むべき本は自然にわかってくるものだからです（そうであることを切に期待しています）。それゆえ、以上をすべて読んでくれと勧めているというよりは、読者の関心に応じて読むべき本をみずから広げていく手助けになることを願っていると理解してほしいと思います。

補説

中村隆之（なかむら・たかゆき）
一九七三年、神奈川県に生まれる。二〇〇七年、京都大学大学院経済学研究科より博士号（経済学）。現在、鹿児島国際大学経済学部准教授。専攻は経済理論、経済学史。
著書に『ハロッドの思想と動態経済学』（日本評論社）がある。

1　スミスの「自然価格」と「市場価格」の区別

古典派経済学は、資本の投下とその回収という観点から経済活動を見ることを特徴としています。やや難しい言葉で言えば、経済を「再生産システム」として捉えるということです。経済活動がうまくいくためには、投下した資本がしっかりと回収されなければなりません。回収がうまくいくかは、価格の高さによって決まります。スミスは、生産に用いた原材料・中間財の費用のほかに、労働に賃金を払い、土地に地代を払って、資本に平均的な利潤が確保されるような価格を「自然価格」と呼びました。これは到達目標であり、現実の価格ではありません。

現実の価格は「市場価格」と呼ばれ、自然価格よりも高いかもしれないし、低いかもしれません。市場価格が高い場合は、普通よりも儲けの出るその財の生産への資本投下が増え、競争により価格が下がってゆくでしょう。逆に、市場価格が低い場合、資本投下が適切に回収できないので、企業が撤退してゆき、競争相手の減少によって価格は徐々に自然

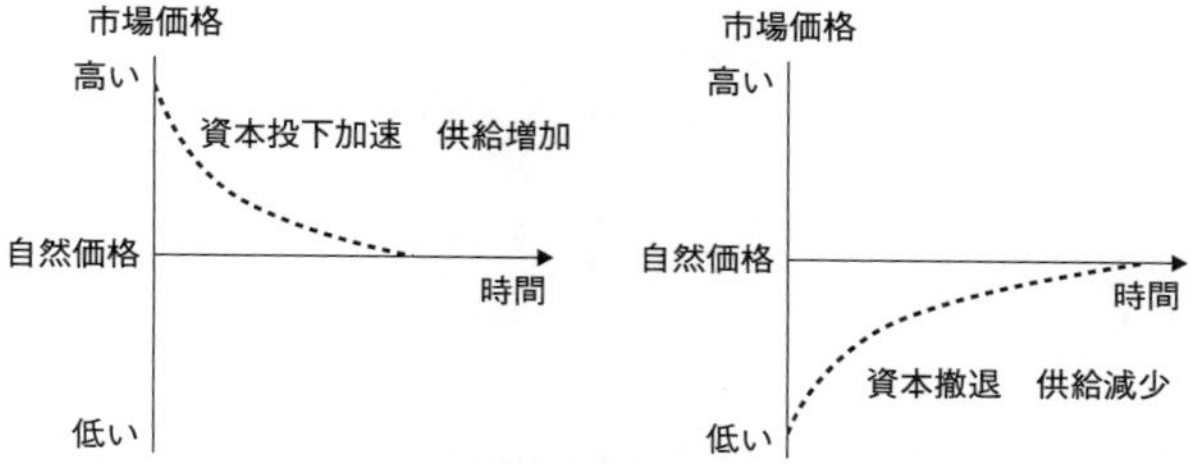

図５　どんな産業でも市場価格は自然価格という中心に引きつけられる

価格まで回復するでしょう（図５）。利益を求めて資本投下の方向を自由に決める資本が存在している――自由競争経済――ならば、それらは互いに競争しながら市場価格を自然価格に近づけるのです。

スミスは、この単純な道具立てから、経済活動の動態を丸ごと把握します。個々の企業は利潤を求めて、資本投下の方向を決めてゆきます。その活動は自身の利益を求めているだけで、誰かに統括されているわけではありません。しかし、価格という「見えざる手」に導かれて、人々の欲する財へと自然と向かうのです。

「市場価格」は経済活動の表面に出てくる現象です。それだけ見ていても、経済の本質は見えてきません。儲かっている産業があれば、国が富んでいるように見えます。しかし、本当はそうではありません。スミスは、市場価格という表面の奥底に、あるべき価格としての「自然価格」を見出しました。そして市場価格が自然価格へと近づくプロセスとして、経済の動態を把握したのです。それが「見えざる手」に導かれた豊かさへの道なのです。そして、この経済の像を基礎に、自然価格へのプロセスを妨害してまで植民地とその貿易利益に固執する政策——いわゆる重商主義——を、鮮やかに批判したのです。

さて、スミスは、諸産業の利潤率格差に導かれて、資本投下の方向が決まってゆく大きな経済の動態を把握しました。資本投下の担い手である資本家が、動態の主役です。スミスの後継者であるリカードは、この主役にどれだけ分配されるかに着目しました。資本家・地主・労働者の間での所得分配をテーマとしたのです。利潤という所得を得た資本家は、その多くを資本蓄積に用いるので、利潤分配の大きさが経済の動態を左右する大きな要因であると考えたからです。

分配関係をテーマとしたリカードは、理論的な難問に直面します。分配される元となる「一年に生み出された総価値」を、どのように計るかが難しいのです。一年に生み出された総価値としてすぐに思いつくのがＧＤＰです。つまり、貨幣で計った価値です。しかし、貨幣では正確に計れません。例えば、五〇〇兆円分のＧＤＰが一年に生み出されたので、これが利潤・地代・賃金へと何パーセントずつ分配されるかを考えようとします。利潤率が上昇し、賃金が下がったとしましょう。財の価格は、その分配の変化によって変わってしまいます。すると、全体も五〇〇兆円ではなくなります。

分配について考察する理論家は、価格でそのまま財の価値を計ることができません。そこで、財の価値を生み出す源泉を探すことになります。リカードは、財の生産に投じた労働量によって、その財の価値を計るという方法をとりました。

スミスも、リカードと同じく、価値の源泉を「労働」と考えていました。しかし、これは分配論を意図しているわけではありません。金銀こそが価値であるとする重商主義を否定したり、自然（土地）の力こそが価値を生み出すとする重農主義（ケネー）の考え方の狭さを批判したりする議論の上で出てきたものでした。スミスは、片方で労働が価値の源泉であるといいながら、他方で自然価格を構成するのは賃金・利潤・地代の自然率であるという、労働・資本・土地がそれぞれ価値を生み出しているかのような議論――「価値構成説」――を展開したのです。このスミスの二つの価値論は、経済学史家の中で興味を引いてきた問題ではあります。しかし、スミスが所得分配を理論的に突き詰めていない以上、たいした矛盾ではありません。

リカードの経済学が「価値と分配の理論」であるというとき、「価値」という語の難しさ・曖昧さが目に付きます。しかし、この難しさ・曖昧さは、彼の経済学の価値を減じるものではありません。誰に所得が分配されるのかによって経済の未来が変わってくるというリカードの着眼点そのものは、現在でも経済の動態を考える大きな手がかりになるからです。

2　マーシャルの「部分均衡理論」

需給均衡分析は、ある財の市場で、価格と生産量がどのようにして決まっているかを理解するミクロ経済学の基本ツールです。需要曲線は社会全体の買い手の行動（価格と購入量の関係）を表わし、供給曲線は社会全体の供給者の行動（価格と供給量の関係）を表わします。多数の供給者間で競争しており、価格を支配できない（高い価格をつければ需要は別の供給者の方に行ってしまう）ならば、価格と生産量は図6のように需要曲線と供給曲線の交点A（価格P_A、生産量X_A）で決まります。

このようなグラフによる表現は、経済全体から注目している一つの市場を切り出すことによって成り立っています。つまり、この財を供給するために必要な原材料・中間財・生産要素の価格を含め、別の市場で決まっている価格が一定であるという前提で描かれているのです。これが複雑に絡み合った経済現象を理解するためにマーシャルが編み出した「部分均衡理論」です。

部分均衡理論が「他の事情は一定として」という前提のもとに一つの市場を孤立化するのに対して、すべての市場の価格が相互依存関係にあることを丸ごと捉えようとするのがワルラスの「一般均衡理論」です。すべての財（生産要素も含む）の価格の関数である各財の需要関数・供給関数が方程式群として書かれ、すべての市場で需要と供給が一致する価格と生産量の組み合わせが存在することを証明しようとします。

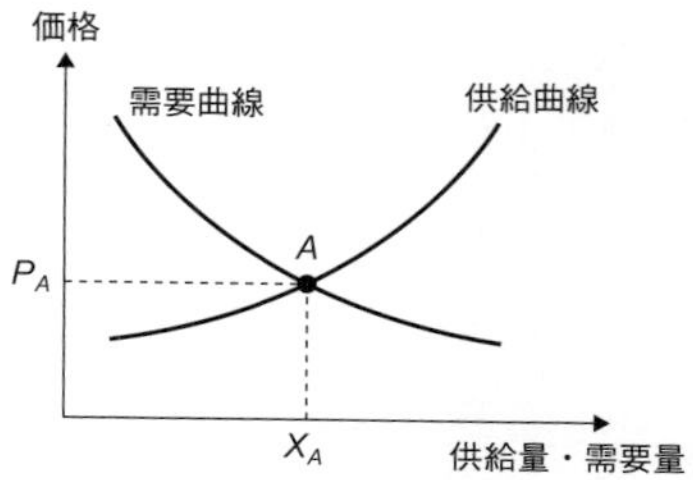

図 6

「部分均衡理論」と「一般均衡理論」の関係については、論者によって意見が分かれています。第一は、部分均衡理論は一般均衡理論というより高度な理論を理解するための初歩的なステップであるという見解です。一般均衡理論を経済学の基礎に据える現代の主流派（新古典派経済学とその方法論を受け入れている諸学派）は、この見解をとっています。この考え方によれば、部分均衡理論には独自のものはありません。一般均衡理論のもつ次のような基本的含意を承認することになります。「一般均衡理論によれば、各市場において需給が一致する価格と生産量の組み合わせが実現している状態は、もっとも効率的である。その状態を実現する方法は、各市場において完全競争が機能するようにすることである。」

第二は、マーシャルの部分均衡理論は一般均衡理論よりも現実的な分析ツールであり、彼の目指した有機的成長を理解するための基礎理論であるという見解です。マーシャルのオリジナリティ——経済学の教科書には継承されなかった側面——を強調する経済学史家は、この見解をとっています。

マーシャルの関心は知識の深化に基づく経済成長にあり、所与の資源・所与の技術知識に基づいた一般均衡理論には関心がありませんでした。とくに、一般均衡理論が生産要素市場にも需給均衡を適用することで、分配論を葬り去った点に、マーシャルは不満でした。一般均衡の世界では、賃金・利子が労働市場・資本市場で決まり、それが財を生産する費用を構成します。各財の市場で競争が働けば、価格はその費用まで押し下げられるはずです。したがって、一般均衡理論には独自の分配論はなく、それはすべて生産要素市場の需給で決まるのです。マーシャルは、ここまで競争的市場の論理を突き詰めるならば、現実から遊離してしまうと考えました。そして、各企業には生産要素の費用（競争的な要素市場で価格が決まっている）を支払っても、なお残る余剰があることに着目しました。そしてこの余剰をいかに企業者が活用するかによって、企業の将来性が決まるとマーシャルは考えたのです。企業者は、余剰を技術知識の開発に投じるだけでなく、労働者の長期的な能力育成や、組織としての創造力を高めるための投資に向けます。また、原材料供給者や販売先との信頼関係や建設的な情報共有のためにお金をかけます。マーシャルによれば、各企業のこうした活動こそが成長の原動力なのです。

マーシャルは、こうした活動にかかる費用を、供給曲線を構成する正常費用の中に含めました。産業を構成するメンバーが、そうした長期を考慮した投資を正常な費用とみなして活動しているならば、正常費用の中に入ってくるのです。このように需給均衡分析という一見すると静態的な基本ツールの中に、成長につながる動態的な要素を組み入れている点が、マーシャルのオリジナリティです。そしてそれは、分配論から動態的成長を構想する古典派経済学の思考法を受け継いだものであり、一般均衡理論にはない着眼点を含んでいるのです。

3 スラッファはなにゆえ「古典派の価値論」を再生しようとしたのか

需要と供給の均衡という考え方は、現代の経済学の基本中の基本です。その考え方をすべての市場に適用した一般均衡理論によって経済全体を把握することは、現代の主流派経済学（新古典派経済学とその方法論を受け入れている諸学派）において、当然とみなされています。しかし、その基礎はしっかりとしたものでしょうか？ スラッファは、需要と供給という枠組みで考えることそれ自体に疑問を投げかけました。その奥底には、利潤とは何か（あるいは利子とは何か）という根本的な問いがあります。

まず、新古典派経済学における利潤率（利子率）の決まり方を説明しましょう。企業は労働集約的な技術から資本集約的な技術まで、さまざまな技術がある中で、賃金と利子の高さに応じて最適な技術を選択します。図7上の右上がりの曲線は、さまざまな技術とその生産性を表わしています。低利子率・高賃金の場合、資本集約的な技術（A点）が選択

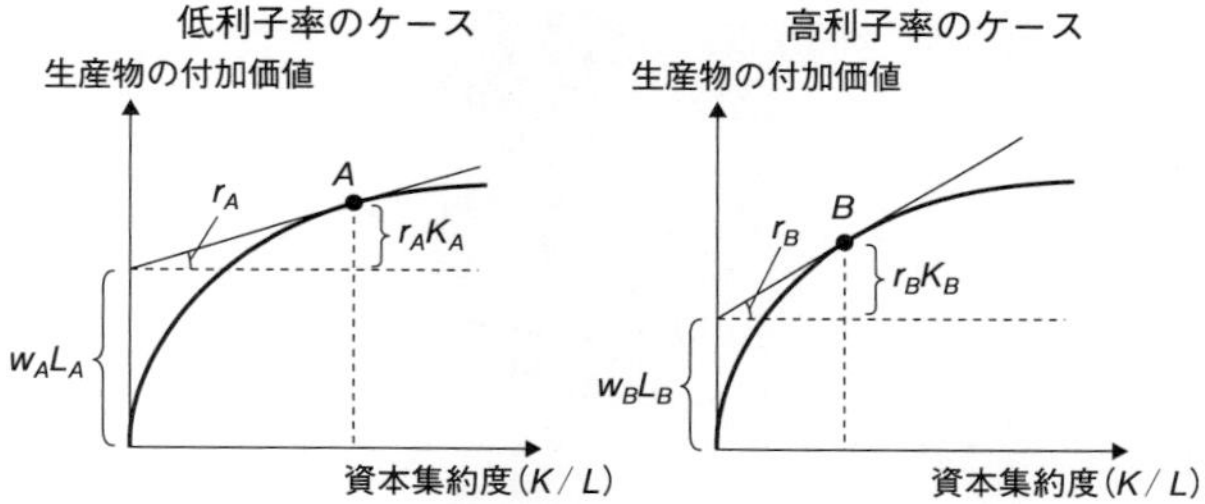

図7

されます（左側の図）。逆に、高利子率・低賃金の場合、労働集約的な技術（B点）が選択されます（右側の図）。競争が作用しているので、付加価値はすべて賃金と資本費用である利子に分かれます（完全分配）。

このような技術選択から、資本の需要曲線を描くことができます。利子率が低い場合に多くの資本需要があり、逆に利子率が高い場合は資本需要が少なくなります。この資本需要と、資本供給（貯蓄）の均衡によって、利子率が決まります（図8）。利子率以上の利潤は存在しないので、これが利潤率にもなります。

スラッファは、この貯蓄と投資の均衡によって利子率（利潤率）が決まるという考え方には問題があると考えました。一九三〇年代のスラッファとハイエクの議論に、その基本的な考え方が表われていますので、そこを説明の足がかりにしましょう。

ハイエクは、貯蓄と投資が均衡する利子率を自然利子率と呼びました。そして、人為的な貨幣供給によって利子率が自然利子率よりも下げられた場合、技術が資本集約的な方向に歪められ、のちの景気低迷の原因を作るという景気循環理論を提示しました。ハイエクは、「自然利子率」とは、貨幣なしに実物で取引をした場合に成立する利子率だと説明しました。しかし、スラッファは、その説明に鋭く切り返します。

貨幣のない物々交換の世界での貸借――もちろんこれは仮想的な世界です――は、実物で借りて、利子をつけて実物で返すという取引として理解できます。そして、この取引は、貨幣利子率と現物・先物市場の関係によって、以下のように表現することができます。貨幣利子率が五パーセントであるとき、小麦実物で貸して、小麦実物で返済されるときの返済レート（小麦利子率）は、図9のように二六パーセントになります（小麦利子率が二六パーセントのとき、運用方法Aと同等の収益率になる）。

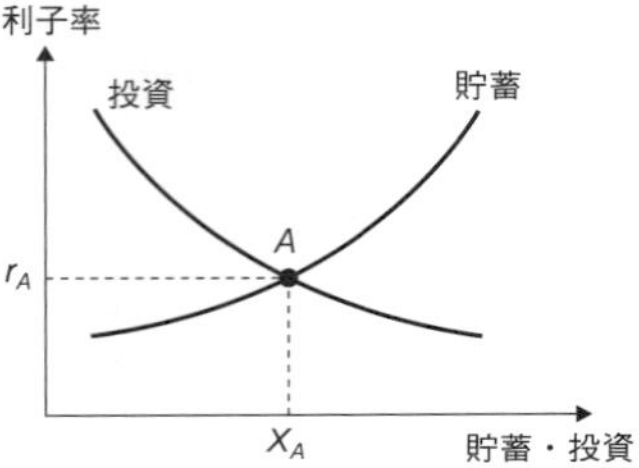

図8

このように考えると、あらゆる財に関して実物利子率を考えることができます。ある資

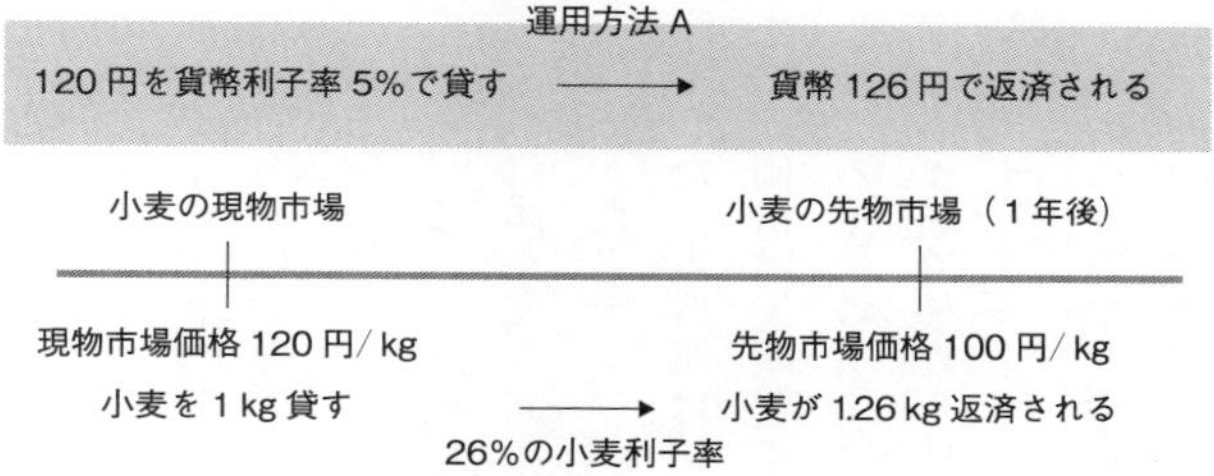

図 9

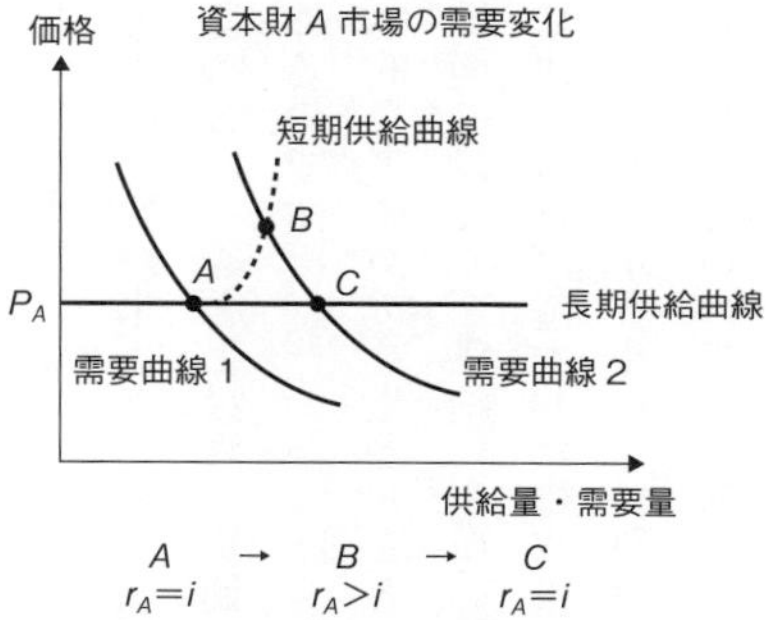

r_A：資本財 A の自己利子率、i：貨幣利子率

図10

本財の需要が増えたとすると、一時的に現物価格が上昇し、その資本財の実物利子率が上昇します(図10)。ただし、それは一時的であり、長期においては先物価格が現物価格に一致するでしょう(規模に関して収穫一定を想定)。すると、実物利子率は貨幣利子率に等しくなります。さて、では貨幣利子率はどこで決まっているのでしょうか?実はどこでも決まってい

ません。貨幣利子率が五パーセントならば、長期には実物利子率はすべて五パーセントに引きつけられます。貨幣利子率が三パーセントならば、長期には実物利子率はすべて三パーセントに引きつけられます。かくして、実物で貸し借りするという概念を用いても、その長期均衡利子率は定まらないのです。

消費財・資本財を含めてどんな需要が来ようとも、収穫一定であれば長期にはそれに適応する。これを綿密に突き詰めれば、貯蓄と投資の均衡で貨幣利子率が決まるというメカニズム自体が成り立たなくなるのです。

こうしたスラッファの基本的なアイデアを生かすことのできる理論装置が、古典派経済学でした。古典派は、需給均衡ではなく、供給（生産）の側から経済の体系を表現しています。価格は生産費によって決められ、基本的には収穫一定の想定が置かれています。そしてこの体系の下では、利潤率は決まりません。利潤率の水準は、体系の外から貨幣利子率という形で与えられなければならないのです（スラッファ『商品による商品の生産』〔一九六〇年〕）。

このスラッファの貢献は、あまりにも革命的であり、一般には受け入れられませんでした。彼のアイデアは、貨幣利子率を決めるために貯蓄と投資の均衡以外の理論が必要であるという点で、ケインズの流動性選好理論に、部分的に受け継がれました。

4 「セーの法則」について

自由市場経済において、あらゆる市場で過剰生産が発生する恐慌が起こりうるのでしょうか？ それとも、過剰生産等の不調は一部の産業において需要を読み誤ったなどの原因で発生する問題であり、決して全面的・致命的なものではないのでしょうか？ もし経済の不調が一時的で、自動的に回復するならば、景気が低迷しても政府が何らかの手段を講じる必要はないという重要な方針が出てきます。だから、この問題は、経済学の黎明期から、一つの大きなテーマでした。

フランスの経済学者セー（Jean Baptiste Say 1767–1832）は、全面的・致命的な過剰生産は起こりえないと主張しました。財を生産したとき、その財の価値分の所得が生み出されているのだから、それによって全体の需要が構成される以上、すべての財は売れるはずです（図11）。もし、ある財で売れ残りが生じたとしても、別の財では需要超過が生じているはずです（需要側のトータルは供給側のトータルに等しいので）。ですから、全般的な過剰生産というのはありえません。あるところで不調ならば、別のところが好調のはずであり、生産資源の投入方向を需要に合わせて変更していけばいいだけです。これがセーの販路説です。

現実に恐慌が発生するたびに、セーの販路説に対する疑いを投げかける論者と、逆に擁護する論者とで論争が起きます。しかし、だいたい論争に決着がつく前に恐慌が終わりました。イギリスにおいて、一〇年おきの景気循環は発生していたものの、一九世紀中ごろまで回復不能な恐慌は一度も訪れなかったのです。主流の側が全般的過剰生産を信じなかったのは、この歴史ゆえです。

貯蓄も考慮したセーの法則を説明しておくことは、ケインズ理論を理解する上で有益でしょう。生産によって生み出された所得は、消費されずに貯蓄に回されるかもしれません。人々が消費を控えて、貯蓄を多くしようとしたとき、不況にはならないのでしょうか？

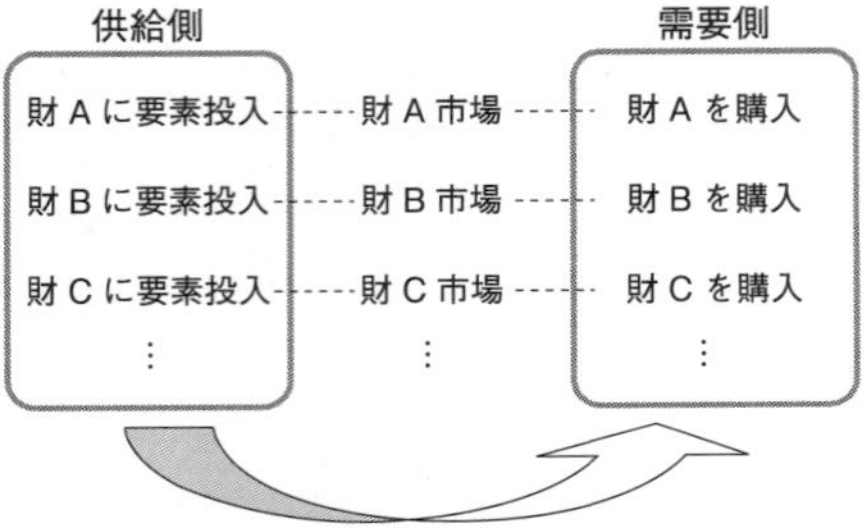

生産は、それと等しい購買力を生み出す

図11

売れ残りの発生していない状態から、人々が消費を減らし、貯蓄を増やしたとしましょう。貯蓄は、資本市場で投資需要と結び付いています（図12）。消費減少・貯蓄増加は、資本市場における貯蓄供給曲線の右シフトとして表わされます。

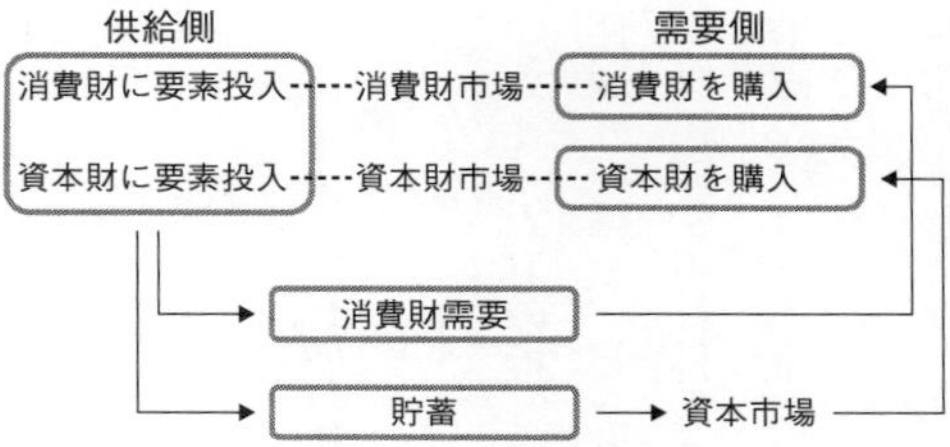

図12

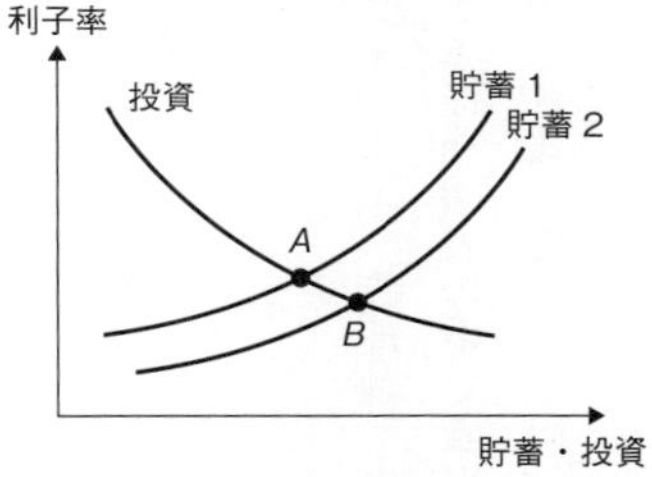

図13

すると、利子率が低下して、新しい均衡点Bになります（図13）。このとき、投資が均衡点Aのときよりも増えています。消費財需要の低下によって失業した労働者は、資本財産業における需要増加によって雇用されます。したがって、全面的不況になることはなく、自動的に回復します。これが貯蓄を考慮した場合のセーの法則です。

この回復のカギとなるのは、資本市場における利子率の動きです。ケインズは、流動性選好理論という独自の利子決定理論によって、上述の資本市場の機能を否定し、セーの法則が成り立たないと示したのです。

5 「IS／LM分析」再入門

IS／LM分析とは、ケインズ『一般理論』の二つのアイデア、つまり乗数理論と流動性選好理論を、ヒックスが単純な図表の中で表現したものです。そのシンプルさから、マクロ経済学の教科書に採用されました。多くの学生がケインズ経済学として習うのは、このIS／LM分析です（当のケインズはヒックスの解釈に賛成ではなかったようですが）。では、IS／LM図表を構成する二つの曲線――IS曲線とLM曲線――を、それぞれ説明しましょう。

IS曲線は、資本の限界効率表（利子率と投資の関係）と乗数理論の二つから導出されます。資本の限界効率表は、図14の左側の曲線のように右下がりの曲線です（121ページの図3と同じ）。資金の借り入れ条件である利子率が下がるほど、企業は多くの投資を実行します。そして、乗数理論によれば、投資はその乗数倍（1／s：sは平均貯蓄性向）の国民所得を生み出します（波及的乗数の到達点です）。

LM曲線は、貨幣を保有する意思に基づいています。人々が貨幣を持つ理由は、次の三つに分類できます。

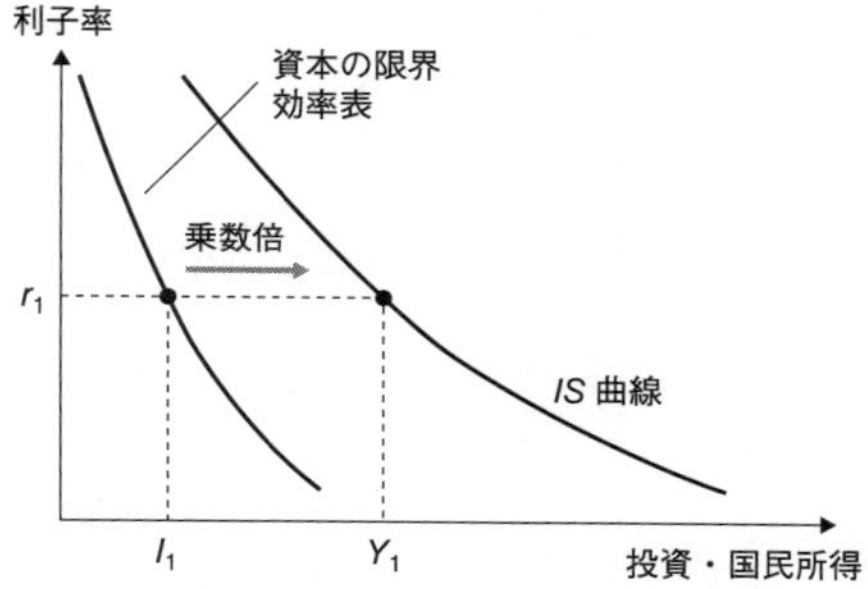

図14

① 取引に使うため（取引動機）

② 不慮の支出に備えて（予備的動機）

③ 金融資産を買う時期を待っている間の保有（投機的動機）

①②は主に経済活動の規模に比例するのに対して、③は現在の利子率と将来の利子率の予想に依存します。③の部分を、より詳しく説明しましょう。利子率が上がる（=債券価格が下がる）と予想する人は、今は貨幣（いつでも債券にできる流動的な資産形態）でもっておいて、債券価格が下がったときに債券に替えようと目論むでしょう。逆に、利子率が下がる（=債券価格が上がる）と予

想する人は、債券を買っておこうと思うでしょう。人々の予想は一様ではなく、現時点で利子率が上がると予想する人もいれば、下がると予想する人もいるでしょう。しかし、高利子率であれば、利子率が将来下がると予想する人の方が多そうです。逆に、低利子率であれば、利子率は将来上がると予想する人が多いでしょう。このことを表わしたのが、図15の流動性選好表です（123ページの図4と同じ）。

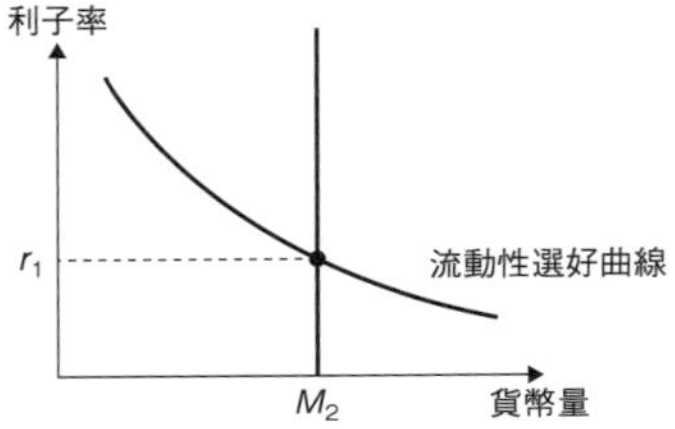

図15

　この図でM_2で縦に垂直に伸びる線は、投機的動機に使える貨幣量を表しています。全体の貨幣供給量——中央銀行が決めます——から、①②で保有される貨幣量を引いた残りです。①②は国民所得が大きいほど大きくなりますから、M_2は国民所得が大きいほど小さくなります。つまり、垂直に伸びる線が左側に移動します。したがって、「国民所得大→M_2小（垂直線左へ）→利子率高」という関係性が導かれます。この関係を、縦軸が利子率、横軸が国民所得の図表に描くと、LM曲線になります。

　両方を同時に描くと、次の図16のようになり、利子率と国民所得の均衡点が決まります。

ここから財政政策と金融政策の効果を分析できます。政府が財政赤字を出して支出を一兆円増加させたとすると、その乗数倍だけＩＳ曲線が右にシフトします。国民所得は増加しますが、その分M_2が減るので、利子率は上昇します。

金融政策によって貨幣供給量が増加すると、M_2が右にシフトするので全体的な利子率の押し下げ効果があります。つまり、ＬＭ曲線が下にシフトします。利子率は下がり、それが投資を刺激して国民所得が増えます。

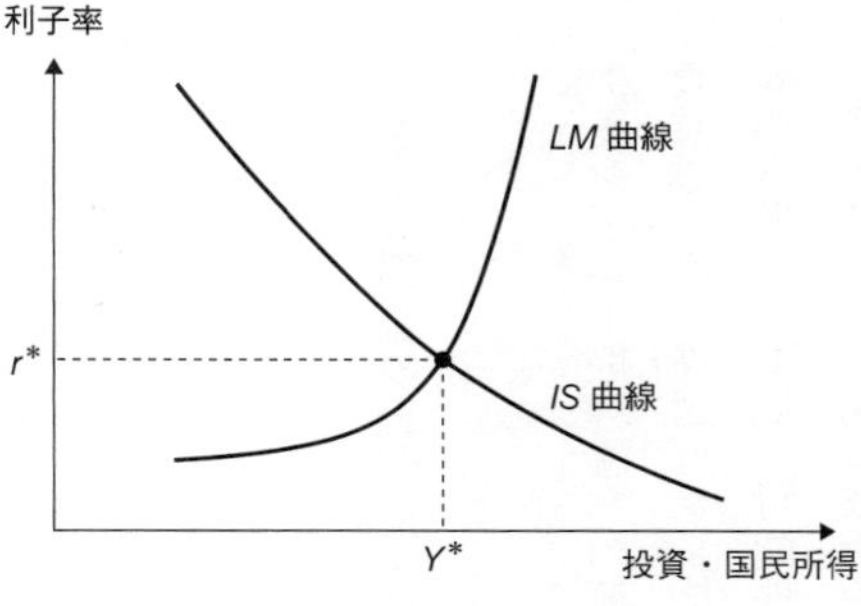

図16

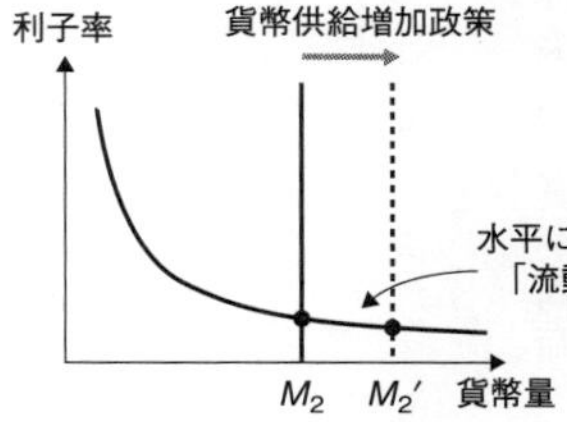

図17

ただし、流動性選好表が水平に近いならば、貨幣供給の増加（によるM_2の増加）があっても利子率はほとんど下がりません（図17）。これは誰もがもうこれ以上利子率は下がらないだろうと思っているときに起こります（債券価格は現状で最高であり、今は買わない方がいいと考え貨幣に需要が集まる）。金融政策が効力を持たなくなってしまうこの状態を、「流動性の罠」と呼びます。

6　ケインズ理論の長期化・動学化

ケインズ『一般理論』の雇用理論は、資本設備一定（短期の想定）の下で、貯蓄性向・投資意思・流動性選好から均衡雇用量が決まるという内容でした。この均衡雇用量は、完全雇用水準よりも低い可能性があります。これは「均衡」ですから、放っておいても雇用が回復することはありません。この過少均衡モデルは、経済には自律的な回復メカニズムがないことを端的に示しています。

このケインズ・モデルは、大恐慌後の深刻な不況や停滞を説明するには適しています。投資意思の減退と有効需要の減少が双方強めあうように起こり、抜け出せない不況になる可能性があることも、すぐに理解できます。しかし、この不況には終わりがあるのでしょ

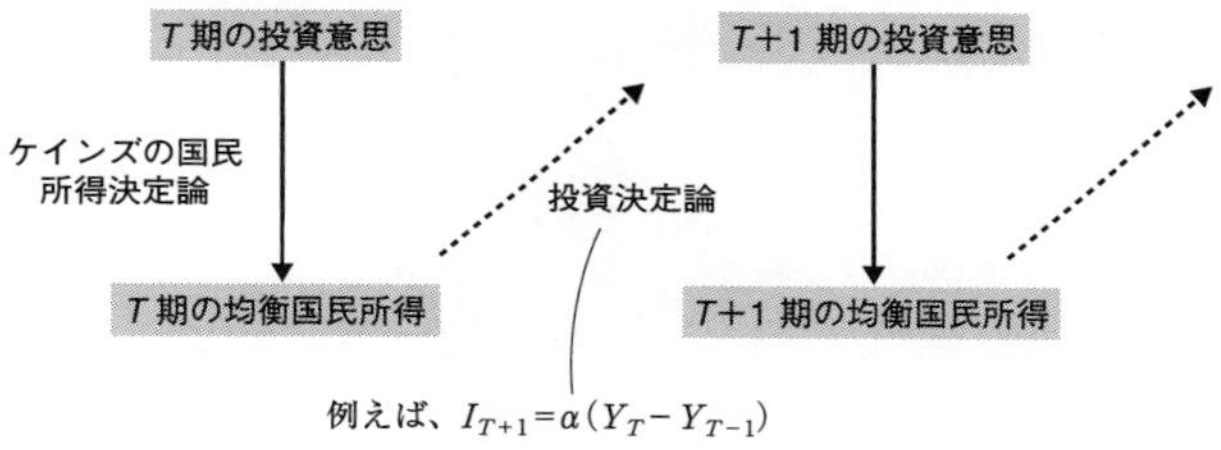

図18

うか？　景気を刺激する財政政策をとることによって、回復軌道に乗るのでしょうか？　それとも不況は慢性的で、恒常的な財政赤字なしには完全雇用は維持できないのでしょうか？　こうした問題に答えるために、短期の想定を外し、投資によって資本ストックが変化し、そして資本ストックの量が投資決定に影響を与えるように理論を拡張すること、つまりケインズ理論の長期化・動学化が必要となるのです。

ケインズ理論の長期化・動学化によって答えられるべきテーマは、次の二つに整理できます。

① 景気を上昇・下降させるメカニズムの解明

② 完全雇用での成長は可能か？

①の課題を達成する方法として、現状から次期の投資決定を理論化し、ケインズの国民所得決定理論（乗数理論）と接合するというやり方があります（図18）。雇用水準を決める最大の要因は投資決定なので、この方法は自然な展開だとも言えます。

投資決定の方程式のパラメータαを過去のデータから推計し、景気循環の法則解明と予測へと進みます。しかし、投資という不確実性に包まれた世界を、過去のデータから類推する方法には限界があります。ケインズは、こうした方向での計量経済学の発展には懐疑的でした。また、期間の区切りごとに均衡が達成され、その結果によって投資が決定されるという想定は、投資・資本ストック・国民所得・設備稼働率が常時連関していることを考慮すると問題があります。ハロッドは、成長率を動態的な現象を把握するための基本に置くという独自のアイデアによって、①の問題に鋭い答えを見出しました。現実の成長率が保証成長率以上であれば、成長率は上昇してゆきます。逆に、現実の成長率が保証成長率以下であれば、成長率は下落してゆきます。景気の上昇・下降は常に保証成長率から乖離してゆく不均衡の中にあるのです（図19左側）。ハロッドは、これを「不安定性原理」と呼びました。

ハロッドの理論は、①の問題を解明していると同時に、②の問題——完全雇用での成長は可能か——をシンプルに解いています。資本設備が正常な稼働率を保ちながら成長する保証成長率は、正常資本係数（K/Y）と貯蓄率から導出されます。この保証成長率が、人口成長と技術進歩から導出される自然成長率よりも高い場合、慢性的な不況が予想され

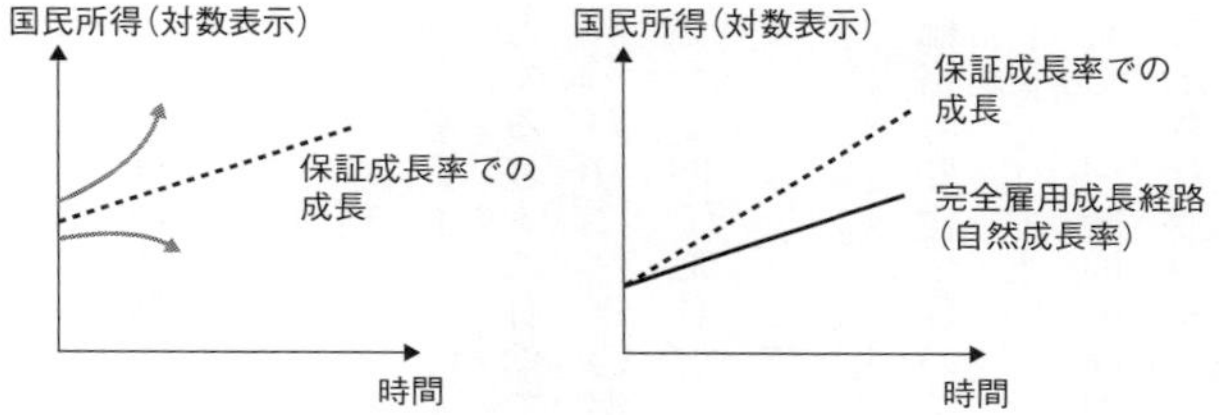

図19

ます（たとえ政策によって完全雇用成長を実現しても、不安定性原理から常に下降圧力がかかる）。この場合、貯蓄率を下げるなどの長期的政策によって保証成長率を下げる必要があります（図19右側）。さもなければ、過剰貯蓄を打ち消す財政赤字を累積させるしかありません。

ハロッドの経済動学は、①と②の両方の問題に実にシンプルな答えを与えています。投資決定によって変動を余儀なくされる資本主義の特徴と、過剰貯蓄によって慢性的な需要不足に悩まされるというケインズ経済学のエッセンスをよく伝えています。

ちなみに、②の問題に対して完全雇用成長経路を難なく達成するソローの成長モデルは、貯蓄と投資が均衡するように利子率が決まり、資本係数が動くという発想なので、ケインズ経済学の核心部分を取り除き、セーの法則の世界に逆戻りするものです。

7　マクロ経済学のミクロ的基礎

ミクロ経済学では、経済主体（企業や個人）が与えられた条件の中で合理的に最善の行動を選択するという前提で議論します。この方法は、局所に絞ってある現象を理解しようとするときに有効です。例えば、ある産業の競争状態を供給者の戦略的行動に基づいて理解したり、都市の混雑のような社会的現象を理解したりするのに役立ちます。ある限定された範囲であれば、企業や個人は損得をおおむね理解しながら動いていると言えるからです。しかし、ミクロ経済学の方法は、局所的な現象だけでなく、一般均衡理論として広く経済全体にも適用されます。一般均衡理論では、すべての市場はつながっており、一つの価格の変化は別のすべての需要・供給に影響を与えます。そのすべてを考慮して合理的な行動をするという前提で議論するのです。この場合、皆が現実にそうしているとは言えません。一般均衡理論の意義は、現実がそれに近いという点にはなく、目指すべき目標として示されています（すべての市場で完全競争が作用すれば、資源配分に無駄のない効率的な状態になる)。

一方、マクロ経済学は、一国全体のGDPがどのような大きさで決まるか、景気変動や経済成長はどのような要因で決まるか、といった問題を扱います。マクロ経済学は、ミクロ経済学と違い、個々の経済主体の意思決定にまで遡《さかのぼ》るのではなく、全体として当てはまる法則を問題解明の手がかりにします。貯蓄と投資はつねに等しいといった客観的な法則や、集団としては比較的安定している貯蓄性向といった概念を用います。マクロ経済学の理論的な骨格はケインズによって与えられ、経済は不完全雇用で均衡してしまう可能性がある――持続的に非自発的失業が発生する――という重要な認識が生まれました。

ケインズの理論は、マクロの視点でこそ成り立つものでした。例えば、ある個人が貯蓄を増やしたいと思ったとしましょう。この個人は消費を抑えれば、貯蓄を増やすことができるでしょう。しかし、そのことによって社会全体の貯蓄が増えるかというと、そうはなりません。消費が抑えられることで、その分の需要が減ってしまい、売れ残りの発生や所得の減少を引き起こすからです。貯蓄という現象は、個々の経済主体の意思を足し算しても理解できません。個々の経済主体がどう考えようとも、社会全体の貯蓄は社会全体の投資に規定されてしまうのです。マクロ経済学が、個々人の合理的意思決定よりも法則を大事にするのは、そうでなければ理解できないマクロ的現象を扱うからです。

マクロ的手法でなければ理解できない現象の最たるものは、「非自発的失業」です。労働市場の需要と供給で考えているうちは、絶対に説明がつきません。雇用は有効需要に規定されるというマクロ的な考え方なしに、非自発的失業は理解できないのです。

このように、ミクロ経済学とマクロ経済学は別々の対象と方法を持っているという認識が、戦後しばらくの間はありました。ケインズ政策の理論的基礎となった新古典派総合(サムエルソン)は、完全雇用付近まで持っていくのはマクロ政策の役割で、完全雇用付近では自由競争市場がよい状態をもたらすという一般均衡理論の原則を利用する、という折衷案でした。しかし、一九七〇年代以降、ケインズ経済学への信頼が失われてゆくと、折衷案では理解が得られなくなりました。マクロ的現象にはマクロ独自の方法があると言っても、そんな曖昧なものは信頼できないというわけです。

マクロ的現象もすべてミクロ経済学の手法で扱うべきだとなれば、出てくるのは一般均衡理論です。一般均衡理論によれば、各市場で完全競争が作用し、価格を通じた需給調整がうまくいくならば、最適の状態が達成されます。政府によるマクロ経済政策を批判する人々は、これが現実に近いと考えました。一方、政府の役割があると考える人々(ニュ

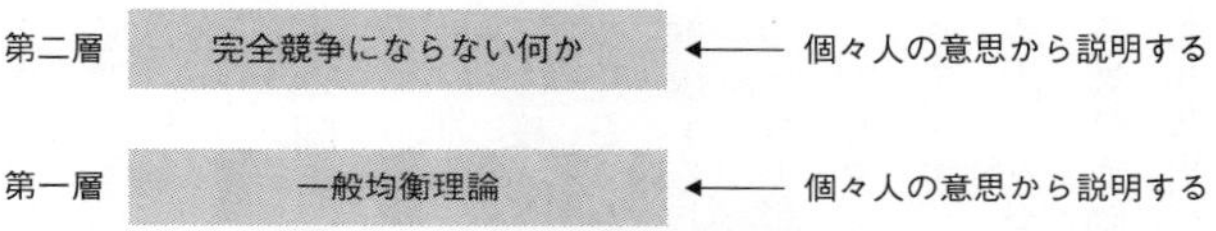

図20　ニュー・ケインジアンによるマクロ経済学のミクロ的基礎

ー・ケインジアン）は、現実には完全競争が作用していない市場があると考えました。そして、完全競争が作用しない原因をミクロ経済学的に解明しようとしました（図20）。例えば、マンキューの提唱したメニュー・コストというのは、価格を改定するにはコストがかかるので調整はスムーズではないという話です。個々の主体の合理的行動として（＝ミクロ経済学的に）価格が動きにくいということを説明するのです。

ニュー・ケインジアンが提唱した完全競争が働かない要因はさまざまです――価格硬直性、賃金硬直性、情報の非対称性など。しかし、一般均衡理論が基礎にあるので、完全競争への障害はないほうがいいと当然考えます。この点で、ニュー・ケインジアンは『一般理論』のケインズとは異質です。ケインズは『一般理論』において、もし需給に応じて価格がスムーズに調整されてしまうならば、変動は劇的なものになってしまうだろうと言っています。「失業↓貨幣賃金下落↓需要低下／価格低下↓失業悪化……」のスパイラルが止まらなくなるからです。『一般理論』の元のアイデアを大事に考える人々は、マクロ的現象にはマクロ的方法が必要だと考えます。したがって、基本に一般均衡理論を置くことや、マクロ経済学にミクロ的基礎が必要だという考えそのものを、疑問に思っています。

8 「制度」とは何か――「経済学の本流」が軽んじてきたもの

「制度」という言葉で普通にイメージされるのは、法で定められたルール、あるいはルール化された仕組みでしょう。しかし、主流派経済学に異議を申し立てるために「制度」を重視するというときの制度は、その普通の意味とは少し違います。ここでは、マルクスとヴェブレンの観点から説明しましょう。

マルクスを制度派経済学と捉えたのは都留重人氏で、その位置づけは適切であると私は考えます。都留氏によれば、「マルクスの方法論でもっとも特徴的なことは、生産物を生み出す社会的なプロセスの実物的な側面と価値的な側面とを区別し、かつ総合することの重要性を強調した点」にあります（『制度派経済学の再検討』中村達也ほか訳、岩波書店、一九九九年、六頁）。実物的な側面とは、人間と自然の物質的代謝という動かしがたい客観的な条件です。一方、価値的な側面とは、生産されたものをそれぞれがどのように獲得してゆくかという分配の問題です。それは所有のあり方の問題であり、またそれと切り離せない交換過程（価格がどのように決まるか）の問題です。都留氏は、この価値的な側面のことを「制度」と捉えます。

新古典派経済学には、価値的な側面（＝分配・制度）を実物的な側面と区別する発想はありません。労働の限界生産力・資本の限界生産力が、賃金・利子率を決めますから、分配は実物的な側面に直結しています。しかし、マルクスは、価値的な側面（＝分配・制度）を、技術的・歴史的条件によって生まれ、生産力の発展とともに質的に変化するものと捉えました。とくに、生産力の発展によって、生産過程が社会的な性格を強めてゆくという認識が重要です。企業組織における協力も、企業活動と関連する諸集団との協力も必要になってきます。また、生産に高度な知識が必要となってきて、それを共同で利用するという意識がますます必要になってきます。これが社会的性格を強めてゆくということの意味です。マルクスは、生産過程の変化に価値的な側面（＝分配・制度）がどのように対応してゆくか――ときに柔軟に適応し、ときに既存の諸制度との対立を深めるでしょう――という視点で、制度の動態を見ます。新古典派の機械的ロジックに比べて、リアルで、大きな発想を持った経済学が展開されます。

もうひとつの制度についての考え方は、ヴェブレン（Thorstein Veblen 1857-1929）によって与えられました。通常、「制度学派」というまとまりを考えるとき、彼がその創始者と位置付けられます。ヴェブレンは、「制度」を、ある社会集団に浸透している慣習的な思考パターンと定義しました。人間は、集団の中で生きることで、何をよいことと考えるかを自分の中に定着させます。例えば、お金持ちの集団の中で生きていれば、見栄を張ることが第一であるという習慣が身に付きます——181ページにある「顕示的消費」はこの思考習慣に基づきます。

ヴェブレンは、人間の行動は、こうした集団の中で蓄積されてきた思考習慣によって大きく規定されていると考えていました。彼は、この考え方によって、人間の行動をある目的（効用や利潤）の最大化であると捉える合理的経済人の想定——主流派経済学の人間理解——を批判したのです。

より具体的に、ヴェブレンの真骨頂である「インダストリ」と「ビジネス」の二分法を紹介しましょう。人間は、飢餓・物質的欠乏を嫌うので、有用なものを生み出すことと、無駄がないことをよしとする価値観を本能的に持っています。ヴェブレンは、これを「製作者本能」と呼びました。生産に従事している人々――「インダストリ」に分類されます――は、この製作者本能に従って行動します。一方、企業を動かしている経営者は、安く買って高く売ることがすべての世界に生きています。これは「ビジネス」の世界であり、「インダストリ」とは相容れない世界です。独占・共謀・買占め・ライバルつぶし・過少生産・価格操作・投機など、利益のためならば、何でもありです。金融業や資産家も、「ビジネス」の側にいます。

ヴェブレンは、「インダストリ」よりも「ビジネス」の方が支配的になっている現代の傾向を指摘しました。彼の見たアメリカは、ちょうど、株式市場での即時的利益を求めた企業買収、ビッグ・ビジネスによる独占形成、開発の波に乗る不動産投機が活発になっていった時期でした。彼は、嫌悪感と危機感を持って、この傾向を見ていました。

さて、「ビジネス」隆盛の時代は、需要不足と資源の過少利用を生みます。独占による過少生産と、過大な利潤分配（賃金分配の抑制）による過少消費が原因です。この需要の穴を埋めるのは、顕示的消費と無駄な政府支出です。これらの支出は浪費ですが、「ビジネス」は「インダストリ」と違い、浪費を悪いことと思っていません。さらに、無駄な政府支出が軍事力強化という壮大な見栄の張り合いに費やされるならば、ここにも「ビジネス」の側の制度（思考習慣）が貫かれます。

ヴェブレンは、「ビジネス」の領域の問題を、「ビジネス」の制度（思考習慣）に基づいて解決してゆく未来を、必然とはみなしませんでした。「インダストリ」の精神を持った技術者・専門家集団が、無駄を省き、真に国民の利益になるような計画――生産レベル、国家政策レベルの両方を含む計画――を立ててゆくある種の「社会主義」に、一つの希望を持っていたのです。このように、どのような未来を予測・構想するにしても、つねにその背後に制度（思考習慣）の力を意識していたのが、ヴェブレンの特徴です。

マルクスの意味においても、ヴェブレンの意味においても、制度を重視する経済学は主流ではありませんでした。しかし、経済と社会の大きな動態を扱う視野の広さは、とても魅力的です。

【人名索引】

ちくま新書

837

入門《にゅうもん》 経済学《けいざいがく》の歴史《れきし》

二〇一〇年四月一〇日 第一刷発行
二〇二二年五月三〇日 第三刷発行

著者 根井雅弘（ねい・まさひろ）

発行者 喜入冬子

発行所 株式会社 筑摩書房
東京都台東区蔵前二-五-三 郵便番号一一一-八七五五
電話番号〇三-五六八七-二六〇一（代表）

装幀者 間村俊一

印刷・製本 三松堂印刷 株式会社

ISBN978-4-480-06532-2 C0233

ちくま新書

ちくま新書

458
経営がわかる会計入門
永野則雄
長引く不況下を生きぬくには、経営の実情と一歩先を読みとくための「会計」知識が欠かせない。現実の会社の「生きた数字」を例に説く、役に立つ入門書の決定版！

459
はじめて学ぶ金融論〈ビジュアル新書〉
中北徹
複雑な金融の仕組みを、図を用いてわかりやすく解説。情報の非対称性、不良債権、税効果会計など、基本から最新のトピックを網羅。これ一冊で金融がわかる！

464
ホンネで動かす組織論
太田肇
「注文が殺到して嬉しい悲鳴！」とか「全社一丸となって！」というのは経営側に都合のいい言葉であって、従業員には響かない。タテマエの押し付けはもうやめよう。

502
ゲーム理論を読みとく
――戦略的理性の批判
竹田茂夫
ビジネスから各種の紛争処理まで万能の方法論となっているゲーム理論。現代を支配する〝戦略的思考〟のエッセンスと限界を描き、そこからの離脱の可能性をさぐる。

512
日本経済を学ぶ
岩田規久男
この先の日本経済をどう見ればよいのか？　戦後高度成長期から平成の「失われた一〇年」までを学びなおし、さまざまな課題をきちんと捉える、最新で最良の入門書。

516
金融史がわかれば世界がわかる
――「金融力」とは何か
倉都康行
マネーに翻弄され続けてきた近現代。その変遷を捉え直し、世界の金融取引がどのように発展してきたかを整理しながら、「国際金融のいま」を歴史の中で位置づける。

559
中国経済のジレンマ
――資本主義への道
関志雄《カンシユウ》
成長を謳歌する一方で、歪んだ発展が社会を蝕んでいる中国。ジレンマに陥る「巨龍」はどこへ行くのか？　移行期の経済構造を分析し、その潜在力を冷静に見極める。

ちくま新書

565 使える！ 確率的思考　小島寛之
この世は半歩先さえ不確かだ。上手に生きるには、可能性を見積もり適切な行動を選択する力が欠かせない。確率のテクニックを駆使して賢く判断する思考法を伝授！

581 会社の値段　森生明
会社を「正しく」売り買いすることは、健全な世の中を作るための最良のツールである。「M&A」から「株式投資」まで、新時代の教養をイチから丁寧に解説する。

582 ウェブ進化論 ——本当の大変化はこれから始まる　梅田望夫
グーグルが象徴する技術革新とブログ人口の急増により、知の再編と経済の劇的な転換が始まった。知らないではすまされない、コストゼロが生む脅威の世界の全体像。

610 これも経済学だ！　中島隆信
各種の伝統文化、宗教活動、さらには障害者などの「弱者」などについて「うまいしくみ」を作るには、「経済学」を使うのが一番だ！ 社会を見る目が一変する本。

617 下流喰い ——消費者金融の実態　須田慎一郎
格差社会の暗部で弱者を貪り肥大化した消費者金融。その甘い蜜を求め大手銀行とヤミ金が争奪戦を演じる……。現代社会の地殻変動を活写した衝撃のノンフィクション。

619 経営戦略を問いなおす　三品和広
戦略と戦術を混同する企業が少なくない。見せかけの「戦略」は企業を危うくする。現実のデータと事例を数多く紹介し、腹の底からわかる「実践的戦略」を伝授する。

626 おまけより割引してほしい ——値ごろ感の経済心理学　徳田賢二
商品に思わず手が伸びてしまう心理にはどんな仕組みが隠されているのだろうか。身近な「値ごろ感」をキーに、消費者行動の不思議に迫る経済心理学読本。

628
ダメな議論
――論理思考で見抜く
飯田泰之
国民的「常識」の中にも、根拠のない〝ダメ議論〟が紛れ込んでいる。そうした、人をその気にさせる怪しい議論をどう見抜くか。その方法を分かりやすく伝授する。

629
プロフェッショナル原論
波頭亮
複雑化するビジネス分野でプロフェッショナルの重要性は増す一方だが、倫理観を欠いた者も現れてきている。今こそその〝あるべき姿〟のとらえなおしが必要だ！

634
会計の時代だ
――会計と会計士との歴史
友岡賛
会計は退屈だ。しかし、その歴史は面白い。「複式簿記」「期間計算」「発生主義」等、会計の基本的な考え方が、「なぜそうなったのか」からすっきりわかる本。

641
この国の未来へ
――持続可能で「豊か」な社会
佐和隆光
格差の拡大、リスクの増大、環境問題の深刻化――。現代の「ひずみ」を超えて、持続可能で「豊か」な社会を実現するには何が必要か。その処方箋を提示する。

643
職場はなぜ壊れるのか
――産業医が見た人間関係の病理
荒井千暁
いま職場では、心の病に悩む人が増えている。重いノルマ、理不尽な評価などにより、うつになり、仕事は混乱する。原因を探り、職場を立て直すための処方を考える。

657
グローバル経済を学ぶ
野口旭
敵対的ＴＯＢ、ハゲタカファンド、ＢＲＩＣｓ、世界同時株安……。ますますグローバル化する市場経済の中で、正しい経済学の見方を身につけるための必読の入門書。

664
行列ができる店はどこが違うのか
――飲食店の心理学
大久保一彦
飲食店の流行る潰れるは、味では決まらない。重要なのは、無意識を操る心理テクニックと、「常識」の変化を鋭敏に見極める感覚なのだ。現場主義のビジネス戦略。

ちくま新書

701
こんなに使える経済学
——肥満から出世まで
大竹文雄編
肥満もたばこ中毒も、出世も談合も、経済学的な思考を上手に用いれば、問題解決への道筋が見えてくる！ 経済学のエッセンスが実感できる、まったく新しい入門書。

729
閉塞経済
——金融資本主義のゆくえ
金子勝
サブプライムローン問題はなぜ起こったのか。格差社会がなぜもたらされたのか。現実経済を説明できなくなった主流経済学の限界を指摘し、新しい経済学を提唱する。

780
資本主義の暴走をいかに抑えるか
柴田徳太郎
資本主義とは、不安定性を抱えもったものだ。これに対処すべく歴史的に様々な制度が構築されてきたが、現在、世界を覆う経済危機にはどんな制度で臨めばよいのか。

785
経済学の名著30
松原隆一郎
スミス、マルクスから、ケインズ、ハイエクを経てセンまで。各時代の危機に対峙することで生まれた古典には混沌とする経済の今を捉えるためのヒントが満ちている！

807
使える！ 経済学の考え方
——みんなをより幸せにするための論理
小島寛之
人は不確実性下においていかなる論理と嗜好をもって意思決定するのか。人間の行動様式を確率理論を用いて抽出し、社会的な平等・自由の根拠をロジカルに解く。

822
マーケティングを学ぶ
石井淳蔵
市場が成熟化した現代、生活者との関係をどうデザインするかが企業にとって大きな課題となる。著者はここを起点にこれからのマーケティング像を明快に提示する。

831
現代の金融入門【新版】
池尾和人
情報とは何か。信用はいかに創り出されるのか。金融の本質に鋭く切り込みつつ、平明かつ簡潔に解説した定評ある入門書。金融危機の経験を総括した全面改訂版。